新・現場からみた労働法

―法律の前に常識がある―

小嶌典明 著

まえがき

本書は、『現場からみた労働法』のシリーズと同様、二部構成からなる。

そのうち、第一部「講話編――40 Stories」は、『文部科学教育通信』の五二九号（令和四年四月十一日号）から五六八号（令和五年十一月二十七日号）までに掲載された「新・現場からみた労働法」（第一回～第四〇回）をもとにしている。

ただ、本書への収録に当たって、労働契約法制（無期転換ルール／労働条件の明示）や労働時間法制（裁量労働制）の見直しとこれらに関連した労働基準法施行規則の改正に関する論稿、および私立学校法の改正とかかわる論稿については、読者の便宜を考え、まとまりのあるものとして読むことができるよう、掲載順を一部変更することとした。また、それぞれの論稿の見出しについても、可能な限りその内容を反映したものとなるように、必要な修正・補充を行っている。

続く第二部「随想編――Essay and Talk」には、令和五年に筆者が担当したコラムや、講演の記録を収録している。一方は労働時間の減少を問題にしたものであり、他方は人口減少社会における労働問題をテーマとしたものであるが、「労働時間は短ければ短いほどよいのか」といった疑問を、データに基づき率直に表わしたものとなっている。

「法律の前に常識がある」——。この筆者の「信念」とでもいうべきものを、本書ではサブタイトルに採用した。法令や判例も、所与の前提ではない。常識に照らして明らかにおかしい法令や判例は、事実に基づいてその是非を問う必要がある。

このことに関連して、アナロジーの効用についても、本書（例えば、第一部第二〇話）では強調した。とはいえ、そうした試みに成功したかどうかの判断は、読者に委ねるしかない。

そのときどきの問題意識を明確にするため、もとになった論稿の内容はあえてアップ・デートせず、加筆修正は必要最小限のものにとどめる（追加情報は、読者にとって有益と考えられるものに限る）。その代わり、各論稿の末尾に刊行年月等を付記する。このような方針は、本書においても変わっていない。

なお、最後になったが、本書の出版に当たっては、今回もジアース教育新社の加藤勝博代表取締役社長および同社編集部の中村憲正氏に大変お世話になった。この場を借りて、心より御礼申し上げたい。

令和六年二月　関西外国語大学中宮キャンパスにて

小　嶌　典　明

目次

第一部　講話編

——40 Stories

第一話　カレント・トピックス（1）

私立学校法の改正——前哨戦

一口に大学といっても、学校法人（私立大学）と国立大学法人、公立大学法人とでは、関心事がそれぞれ異なる。目下、学校法人にとって最大の関心事といえば、私立学校法の改正ということになろう。

令和四年一月六日、大学設置・学校法人審議会学校法人分科会の特別部会として、学校法人制度改革特別委員会が設置される。

その趣旨は、「学校法人のガバナンスの強化に向けた私立学校法（略）の改正の方向性について、私立学校関係団体の代表者及び有識者と協議し、その合意形成を図るため、学校法人分科会運営規則（略）第七条第一項の規定に基づき、学校法人制度改革特別委員会（以下「特別委員会」という。）を設置する」ことにあった。

第一回特別委員会は、令和四年一月十二日に開催され、会議では「学校法人ガバナンス改革会議報告書」（令和三年十二月三日）や、「私立学校ガバナンス改革に関する対応方針」

（同月二十一日）等が配布されるとともに、意見交換が行われる。

「学外者のみによって構成される評議員会を学校法人の最高監督・議決機関として位置づけるとともに、理事の選任・解任も評議員会が行う」等、上記「報告書」はかなり極端な内容を含むものであった（拙著『現場からみた労働法３――コロナ禍の現状をどう読み解くか』（ジアース教育新社、令和四年）二二九―二三〇頁を参照）が、「対応方針」では、これが「理事・評議員の兼職、評議員会の構成、評議員の選解任については、現場の実務的な運用に配慮しつつ、適正な在り方となるよう見直す」と、より穏当な内容に改められる。

また、令和四年二月九日に開催された第二回特別委員会においては、「理事と評議員との兼職は、それぞれの役割の明確化のため解消すべきか」（二―七）、あるいは「職員と評議員との兼職及び役員の近親者等の評議員就任は、人数の上限を設ける必要はないか」（二―八）といった論点が「学校法人ガバナンス改革に関する主な論点」（評議員会の構成に関する部分）として示され、論点ごとに意見をまとめた私立学校関係団体（大学・短大関係）等の意見書が公表される。

ただ、上記の論点に限っても、私学団体間で、その意見は分かれた。

例えば、四一〇大学が会員となっている日本私立大学協会（協会）の意見書は、次のようにいう。

（二―七）理事と評議員の兼務については、解消すべきではなく、運用面の工夫をガバナンス・コード等に明記することで対応可能。私立学校には建学の精神に基づく運営があり、自律性・多様性が維持できるようにすべきである。

（二―八）各法人の歴史的経緯もあり透明性を確保するために、評議員の構成等についてガバナンス・コード等に明記することとしてはどうか。

他方、一二五大学と加盟大学数は少ないものの、学生数や事業活動収入では全体の五割弱を占める日本私立大学連盟（連盟）の意見書は、次のように述べる（一部、省略）。

（二―七）理事会と評議員会との相互牽制機能強化の観点から兼職は不可とすべきである。

（二―八）学校法人の公共性に鑑み、学内の教職員が評議員に選任されることについては一定の上限設定は必要である。また理事会と評議員会との相互牽制機能強化の観点から、役員の近親者等の評議員への就任は不可とすべきである。

とはいえ、連盟の意見も、職員と評議員との兼職まで否定するほど、ラジカルなものではなかった（意見書にあるように、上限設定の必要を説くにとどまる）。

最後の論点は、『寄附行為』との名称は、学校法人が私人の寄附財産等により設立・運営されることを示す意義に鑑み維持してはどうか」（七―四）というものであったが、この論点については、協会、連盟ともに「寄附行為」を維持すべきとしている。私学にとって象徴的な意味を持つ寄附行為について、その名称を定款に変更することなど到底同意できない。それが学校法人の総意であったといっても、間違いはない。

こうしたなか、令和四年二月二十二日に開催された第三回特別委員会には、同委員会の主査（福原紀彦中央大学法科大学院教授・前学長）から覚書が提出される。

覚書の内容は、全体としては連盟の意見に近いものであったが、例えば理事と評議員の兼職については、これを「禁止する方向で、法的規律を整える必要がある」としつつ、経過措置や例外措置（ただし、例外措置の対象は知事所轄の学校法人に限られるため、大学は対象外）を設けることについても、「慎重に検討する余地がある」とした。

また、「評議員会の機能の健全な実質化をはかり、可視化するために、評議員の属性に応じた評議員会構成上の上限（注：役員近親者の上限、教職員、卒業生、同一団体所属者などの属性ごとの上限を指す）割合を設定する必要がある」ともした（以上、覚書は正確には、そのように「思われる」と表現）。

特別委員会は、今後、三月九日および同月十七日を含む数回、会議の開催が予定されているが、改正法案の国会への提出（第二〇八回通常国会への提出を予定）は、早くてもその後になる。

この私立学校法改正問題については、改正法案が国会に提出された段階で、改めて検討を行うことにしたい。

データでみる私立大学

学校法人制度改革特別委員会の会議に毎回欠かさず提出された資料に「私立学校・学校法人・データ集」がある。

第一回会議では、令和三年十月二十八日時点、第二回および第三回会議では、令和四年二月七日時点の資料が配付された。そこで、以下では、この後者のデータをもとに、私立大学の現状をみてみたい。

令和三年五月一日現在、私立大学（大学には短期大学を含む。以下同じ）の数は、合計で九二〇。大学総数に占めるそのシェアは、八二・三％となる。

これを在学者についてみると、私立大学のシェアは七四・七％。在学者数は二〇〇万人を超える（二二五万六九七九人）。

その一方で、一八歳人口は、平成四年の二〇五万人をピークに減少を続けており、大学進学者数も、平成二十九年の六三万人をピークに既に減少局面に入っているとされる。私立大学の場合、入学定員を充足していない大学が全体の四六％を占める（うち一四％は充足率八〇％未満／令和三年度）のも、こうした事情によるものと考えられる。

他方、私立大学の場合、事業活動収入に占める授業料等学生納付金の割合が高い。すなわち、学生納付金（二兆七二四一億円）が収入（三兆四九八六億円）の七七・九％を占めるものとなっている。

また、私立大学は、事業活動支出に占める人件費の割合も高い。つまり、人件費（一兆八二二一億円）が支出（三兆三七九五億円）の五三・九％を占めるのが現状となっている（以上、五九九校の令和二年度データ）。

その結果、全体としては、学生納付金の約三分の二（六六・九％）が私立大学の場合には人件費に充てられている計算になる。

国立大学法人の場合、人件費の額は、附属病院を除いても、学生納付金の二倍以上の額に達しているのが現状であるが、人件費（病院を除く）の額にほぼ匹敵する運営費交付金の支給がなければ、こうした状況は実現し得なかった（以上につき、前掲・拙著『現場からみた労働法３』一五二頁を参照）。

なお、大学進学者数が減り始めたにもかかわらず、学校基本調査（文部科学省）によれば、大学全体の本務教員数は逆に増えている（令和三年度は一九万〇四四八人で過去最高を記録）。ただ、こんなことが長続きするわけがない。データ集には収録されなかったとはいえ、こうした事実にも危機意識を持って、目を向ける必要があろう。

（令和四年四月十一日）

第二話　カレント・トピックス（２）

国立大学法人のガバナンス改革

「我が国の国際競争力の強化及びイノベーションの創出の促進を図るためには、国際的に卓越した研究の展開及び経済社会に変化をもたらす研究成果の活用が相当程度見込まれる大学について研究及び研究成果の活用のための体制を強化することが重要であることに鑑み、当該体制の強化の推進に関する基本方針の作成、国際卓越研究大学の認定、国際卓越研究大学の研究等の体制の強化のための事業の実施に関する計画の認可、当該事業に関する国立研究開発法人科学技術振興機構による助成等について定める必要がある」。

令和四年二月二十五日、このような理由から、「国際卓越研究大学の研究及び研究成果の活用のための体制の強化に関する法律案」が第二〇八回通常国会に閣法第三十五号として提出された。

ここにいう「国際卓越研究大学」とは、「国際的に卓越した研究の展開及び経済社会に変化をもたらす研究成果の活用が相当程度見込まれる」ことについて、文部科学大臣の認定を受けた大学をいう（四条一項・五項）。

だが、国立大学法人の関係者は、その本文というよりは、むしろ次のように定める附則の規定に注目したと聞く（以下、傍線は筆者による）。

（検討）

第三条　政府は、我が国の大学の国際競争力の強化及びイノベーションの創出（略）を推進するためには、国際的に卓越した研究の展開及び経済社会に変化をもたらす研究成果の活用が相当程度見込まれる大学について、研究及び研究成果の活用のための体制を強化することに加え、研究及び研究成果の活用をより効率的かつ持続的に推進することができるように大学の経営管理体制の強化を図ることが重要であることに鑑み、教育及び研究に必要な資金、人材等の資源の確保及び配分その他の大学の経営に係る重要事項の決定及び実施に多様な専門的知見を有する者の参画を得られるようにするため、大学を設置する法人の機関の権限や構成の在り方、人材の確保の方策等について検討を行い、その結果に基づき法制上の措置その他の必要な措置を講じ、特に科学技術・イノベーション創出の活性化に関する法律（平成二十年法律第六十三号）第四十九条の趣旨を踏まえて国立大学法人（略）の経営管理体制に係る改革を早急に進めるものとする。

また、そこにいう「科学技術・イノベーション創出の活性化に関する法律」四十九条は、次のように規定していた。

（国立大学法人に係る改革に関する検討）

第四十九条　政府は、科学技術・イノベーション創出の活性化において、国立大学法人（略）が果たす役割の重要性に鑑み、自主性、自律性その他の大学における教育及び研究の特性を尊重しつつ、国立大学法人に係る改革に関し、科学技術・イノベーション創出の活性化の観点から、経営的視点に基づきマネージメントを行う能力の向上、産学官連携の推進並びに若年者である研究者の雇用の安定及び研究開発等に係る環境の整備を図るため、民間資金の受入れの拡大、人事及び給与の在り方の見直し並びに評価の活用等について検討を行い、その結果に基づいて必要な措置を講ずるものとする。

国立大学法人の経営管理体制の強化を図るための改革、いわゆるガバナンス改革がそれであるが、文部科学省の「世界と伍する研究大学の実現に向けた制度改正等のための検討会議」（座長：金丸恭文フューチャーグループＣＥＯ）が行った「制度改正に向けた論点整理」（令和三年十二月二十四日公表）の概要を記した文書によれば、それは次のような制度改革を意味していた。

・　法人の意思決定に専門的知見を取り入れ、法人執行部へのモニタリング機能を持たせるため、重要事項を決定し、法人の長の選考・監督を行う合議体を設置。

・　合議体の構成員は学内外同数の者による選考組織において行い、合議体の構成員の相当程度（例えば過半数、半数以上等）は学外者とすることが適当。
・合議体は中長期の経営戦略等の策定、執行部の業務執行の監督を行い、業務執行は法人の長に委ね、教学事項等に関するマイクロマネジメントは行わない。
・教学担当役員（プロボスト）については、法令上教学面の責任者となっている大学総括理事とすることが考えられる。また、事業財務担当役員（ＣＦＯ）については、法人内で権限等を定めることが適当。

なお、検討会議に設けられた「法制度ワーキングチーム」においては、合議体の構成員の割合について、次のような議論があったという（令和三年十二月二十四日の第五回検討会議に提出された「法制度ワーキングチームにおける議論（概要）」による）。

「合議体の構成員の選考の際に学内者・学外者同数による選考を行った場合、合議体の構成員の学内者・学外者の割合を法律で定めることは可能であるが、学外者の割合が非常に多い形で規定するなど、学内者の意見が適正に反映されることを困難にするような形で規定する場合には法的にも問題がある」。

（中略）

「例えば法人の中期計画や予算案の決定は、経営面で重要な内容である一方で、教学面にも大きく関わる内容であり、こうした内容に関する決定権を合議体が持つのであれば、学外者、学内者どちらかだけの意向で重要事項が議決されてしまうということは法制的に望ましいものとは言えない」。

「例えば合議体の構成員について、学外者・学内者を半数ずつとすれば、学外者と学内者の意見が一致しないような議案について、双方の対話を促すことにも繋がるほか、多数決による議論の形骸化を防ぐことにもなるため、一つの案として考えられるのではないか」。

ほぼ同時期に公表された「学校法人ガバナンス改革会議報告書」（令和三年十二月三日）とは、そのスタンスがあまりにも違う。

第一話でみたように、その後「私立学校ガバナンス改革に関する対応方針」（令和三年十二月二十一日）が示されることにより、時間を置かずに軌道修正が図られた理由も、国立大学との間で著しい相違が生じるのを避けることにあった。こう考えれば、納得がいこう。

人事給与マネジメント改革㈠

「研究開発システムの改革の推進等による研究開発能力の強化及び研究開発等の効率的推進等に関する法律」。

この四七文字の題名からなる法律の一部を改正する法律（平成三十年十二月十四日法律第九十四号）の施行（平成三十一年一月十七日）に伴い、同法のタイトルは「科学技術・イノベーション創出の活性化に関する法律」（科技イノベ法）へと変更される。

先にみた四十九条と内容を同じくする規定が五十条として新設されたのも、このときの法改正による。

そして、平成三十一年二月二十五日には、当該規定の新設（二重線の傍線部）を受け、「国立大学法人等人事給与マネジメント改革に関するガイドライン　～教育研究力の向上に資する魅力ある人事給与マネジメントの構築に向けて～」が策定をみる。

他方、「科学技術基本法等の一部を改正する法律」（令和二年六月二十四日法律第六十三号）第二条による改正により、令和三年四月一日以降、科技イノベ法五十条は四十九条に繰り上げられる。

また、令和三年十二月二十一日には、右の「改革ガイドライン」についても、サブタイトルのない追補版が公表されている。

ただ、人事給与マネジメント改革の趣旨や理念について知るためには、大半の頁が事例紹介に割かれている追補版ではなく、もともとの「改革ガイドライン」に当たる必要がある。その詳細な検討は、**第三話**以降で行いたいと思う。

（令和四年四月二十五日）

第三話　カレント・トピックス（3）

人事給与マネジメント改革㈡

「教育研究力の向上に資する魅力ある人事給与マネジメントの構築に向けて」。このサブタイトルにもあるように、平成三十一年二月二十五日に策定・公表された「国立大学法人等人事給与マネジメント改革に関するガイドライン」は、〝教育研究力の向上〟を究極の目的としている。

第一章「全学的な人事マネジメントシステムの構築」では、人事計画の必要性が基本的な考え方として説かれた後、人材の多様性の確保が検討すべきポイントして挙げられる。具体的には、⑴若手教員が安定的に研究に専念できる雇用と教育研究環境の確保、⑵外国人教員の雇用促進と国際化の推進、および⑶女性教員の雇用促進が三本柱となる。

なかでも、⑴については、その達成が「わが国全体の研究力向上の喫緊の課題となって」いるとして、次のように具体的な目標値にも言及するものとなっている。

『統合イノベーション戦略』（二〇一八年六月閣議決定）においては、若手研究者の活躍できる年齢構成の実現に向けて、①二〇二〇年度までに四〇歳未満の大学本務教員の数を二〇一三年水準から一割増加、②二〇二三年度までに研究大学の四〇歳未満の本務教員割合を三割以上、といった目標が掲げられている。目標値は個々の大学に対して直接課せられたものではなく、国公私立大学全体（②については、国立大学法人の第三期中期目標期間における国立大学法人運営費交付金の重点支援において、重点支援③（卓越した教育研究型）にあたる一六の国立大学）にまたがるものとして政府が設定したものではあるが、各国立大学においては、大学全体としての目標達成に向け、若手教員の雇用確保に取り組むことが望まれる」（三頁）。

しかし、学校教員統計調査（文部科学省）からは、国立大学の次のような厳しい現実が浮かび上がってくる（以下、若手教員とは、四〇歳未満の教員をいう）。

すなわち、二〇一三年度以降一九年度までの六年間に、本務教員は六万二七二六人から六万四四〇三人へと一六七七人増加したにもかかわらず、若手教員は一万六二八〇人から一万四二八三人へと一九九七人減少（構成比も二六・〇％から二二・二％へと減少）したという事実がそれである。

なお、国立大学が法人化された二〇〇四年度には、本務教員六万一四九二人中、若手教員は一万八四七五人（三〇・〇％）を占めていた。つまり、上記②の目標値は、国立大学全体でみても、法人化当時はこれを達成していたのである。

「ＥＢＰＭ（Evidence-Based Policy Making）の重要性が増す昨今、エビデンスに基づく丁寧な政策立案や施策の展開が不可欠である。人事給与マネジメントの推進に当たっては、若手教員比率や流動性の向上による研究力の強化が期待されている」（三七頁）と、ガイドラインはいうが、右のような事実には触れることなく、沈黙を守っている。

ちなみに「流動性の向上」という場合、その対象には、シニア教員も含まれる（九頁）。四〇歳未満の若手教員が減少を続けるなか、六〇歳以上のシニア教員は、以下の国立大学の例にみるように増加の一途をたどっている。こうした現実にも目を向ける必要があろう。

シニア教員（人数と構成比）

・〇四年度　　六六五一人（一〇・八％）
・一三年度　　七七一六人（一二・三％）
・一九年度　　九二五〇人（一四・四％）

また、若手教員については、本務教員の絶対数が低迷を続ける一方、本務教員に占める「任期なし」教員の割合が一貫して低下しているという問題もある。

文部科学省国立大学法人支援課の調べによれば、二〇〇七年の六一・三％（一万七七五二人中一万〇八八八人）が、二一年には三一・八％（一万五四三一人中四九〇一人）にまで低下したという（以上、「人事給与マネジメント改革基礎資料」（二一年二月十八日改訂版）を参照。なお、厳密にいうと、二一年の本務教員数は、二〇年の一万五〇四一人よりもわずかながら増加している)。安定的な教育研究環境の確保という点では、このこと自体深刻な問題といわねばなるまい。

こうした問題のある⑴若手教員の状況に比べ、⑵外国人教員や、⑶女性教員については下記の国立大学のデータが示すように、一定の前進があったとはいえる。

外国人教員　　　**女性教員**

・〇四年度　一二七八人（二・一％）　六六三〇人（一〇・八％）
・一三年度　二〇五三人（三・三％）　九三七一人（一四・九％）
・一九年度　三〇一一人（四・七％）　一万一三〇七人（一七・六％）

ただ、女性教員の増加は、一方で男性教員の減少を伴うものでもあった。つまり、以下にみるように、男性教員は、その構成比だけではなく、絶対数においても、ゆっくりとはいえ、減り続けていたのである。

男性教員

・〇四年度　五万四八六二人（八九・二％）
・一三年度　五万三三五五人（八五・一％）
・一九年度　五万三〇九六人（八二・四％）

本務教員が増え続けたことから、減少幅も何とかこの程度に収まった。あるいは、こう考えるのが正解かもしれない。

だが、国立大学の場合、学校基本調査（文部科学省）によれば、本務教員数＝本務者数も、平成三十年度（一八年度）の六万四五六二人をピークに、実際には減少に転じている（**第一話**で、令和三年度（二一年度）に過去最高を記録したというのは、公立大学および私立大学を含む大学全体の話）。

このような環境のもとで、若手教員、外国人教員、そして女性教員の割合をどう高めていくのか。思うに、それが容易ならざる作業となることだけは確かといえよう。

補　人文科学と社会科学

世の中には、自然科学（natural science）と社会科学（social science）の二種類の科学がある。法学部の学生や教師の多くは、そう考えている。

しかし、肝心の法令には、社会科学という言葉がほとんど登場しない。文部科学省組織規則五十四条四項が「人文社会専門官は、人文科学及び社会科学における学術研究の推進に関する専門的事項についての指導及び助言に当たる」と規定しているのは、あくまでも例外にすぎない。

法令上、社会科学は、人文科学に含まれることが多い。例えば、日本学士院法二条三項は「日本学士院に、次の二部を置き、会員は、その専攻する部門により、いずれかの部に分属する」として、「第一部　人文科学部門」、「第二部　自然科学部門」と規定する。

また、労働基準法施行規則は、平成六年の改正以来、（専門業務型）裁量労働制の対象業務の一つである研究開発の業務を「新商品若しくは新技術の研究開発又は人文科学若しくは自然科学に関する研究の業務」と規定するものとなっている（現在は、二十四条の二の二第二項一号）が、このことから「社会科学に関する研究の業務」は対象業務には含まれないとする誤解もみられた。

ただ、こうした用語法は、文系（humanities，英訳は人文科学と共通）と理系（science）の区別に対応しているともいえる。社会科学というマルクス主義（科学的社会主義）を連想させる用語は使いたくない。そうした姿勢の現れとも考えられる。

とはいえ、以上は法令の話であって、統計の世界は違っていた。例えば、学校教員統計調査からは、国立大学における以下のような事実も明らかになる。

若手教員（社会科学）

・〇四年度　一四三八人（二九・七％）
・一三年度　一一二四人（二二・七％）
・一九年度　九三二人（一八・六％）

社会科学を専攻する若手教員の場合、事態は想像以上に重篤といえよう。

（令和四年五月九日）

第四話　カレント・トピックス（４）

人事給与マネジメント改革㈢

改革がどの程度進捗したのか。その現状を把握するためには、まず改革の柱となる制度の適用を受ける者の数に着目する必要がある。国立大学における人事給与マネジメント改革も例外ではない。

「これまでも国立大学においては、業績評価や年俸制の導入、クロスアポイントメント制度やテニュアトラック制の活用等、様々な取組を進めてきている」。

平成三十一年（二〇一九年）二月二十五日に策定をみた「国立大学法人等人事給与マネジメント改革に関するガイドライン」は、このように述べる（一頁）が、年俸制とそれ以外の制度では、そのスケールに大きな違いがある。

「年俸制は、二〇一八年五月一日時点で、国立大学法人九〇法人中八九法人で導入されている。二〇一六年には年俸制適用者が目標とされた一万人を達成し（略）、二〇一八年には本務教員のうち年俸制適用者は全体の約四分の一を占めている」。

「また、一万人規模での年俸制の導入により、国立大学においては、業績を反映した給与の適正化や、優秀な教員の確保といった点で効果を実感しているという回答が得られており、年俸制導入促進費を活用した現在の年俸制は、数的目標の達成はもとより、その狙いとしていた効果という点でも相応に目的を果たしたと言える」（一九―二〇頁）。

「ガイドライン」はこう述べるとともに、「年俸制については、新規採用教員に対し原則年俸制を適用させ、加えて在職中の月給制教員にあっても、本人の同意を得て適宜年俸制へ移行することを推奨することで、段階的に適用者を増加させ、将来の全面的導入を目指す」（二五頁）ともしていた。

その後、令和四年二月十八日に改訂された「人事給与マネジメント改革基礎資料」によれば、令和三年には年俸制適用者が二万人を超え、本務教員全体の約三分の一を占めるもの（二万一七六七人、三二・六％）となっている（以下、同資料による）。

これに対して、クロスアポイントメント制度やテニュアトラック制については、年俸制ほどの伸びはみられない。

まず、クロスアポイントメント制度の場合、令和三年十月現在の適用教員数は、派遣型（四一一人）と受入型（六九〇人）の双方を足しても、一一〇〇人程度（一一〇一人）にとどまっている。

このうち、相手機関を国立大学法人等とするケース（一六四人）は、派遣型と受入型で対象が重複することから、重複分を差し引くと、クロスアポイントメント制度の適用教員数は、四桁を切る（九三七人）計算になる。

また、テニュアトラック制の場合、同制度のもとで令和二年度に新規採用された教員の数は、クロスアポイントメント制度の約半分にとどまる、五〇〇人に満たないもの（四八六人）となっている。

つまり、クロスアポイントメント制度およびテニュアトラック制の適用を受ける教員は、現実には、本務教員全体の一・四％、〇・七％をそれぞれ占めるにすぎない。

さらに、制度を正確に理解するためには、中身に立ち入った分析が必要になる。

例えば、年俸制については、令和元年度以降、順次、新年俸制の導入が図られることになったが、「ガイドライン」は新年俸制を「年額の給与（年俸）が設定された上で、それが一年の中で分割されて支払われていること」に加え、次の二要件を満たす制度として定義している（二〇頁）。

① 基本給や職務給に加え、「十」「二」の成績率のある業績給が設定されていること
② 退職手当を伴うものであっても、在職期間の長期化により必ずしも処遇が有利になることとはならないもの（退職手当の分割・前払いを伴わないものも含む）

確かに、令和元年度には二七七人を数えるにすぎなかった新年俸制の適用教員も、二年度には三六四八人、三年度には七一三〇人へとコンスタントに増え続け、年俸制適用教員

全体の約三分の一（三二・八％）を占めるに至っている（いずれも五月現在）。だが、右にみた新年俸制の定義を充足することは、実際にはそれほど難しくない。

要するに、①については、「十」「二」の成績率のある業績給が設定されていればよく、その実績までは問われない。また②についても、「ガイドライン」は、「一定年齢以上の昇給抑制や早期退職制度のほか、基本給に業績を反映させる仕組みなど多様な取り組みを期待する」（二二頁）としかいっていない。

国家公務員の場合、平成二十一年に人事院規則一一―一〇（職員の降給）が制定をみたが、これまで実施された降給の例は、わずか三件（いずれも降格）しかなく、平成二十六年度以降、『公務員白書』（人事院）では「〇〇年度中において、降給処分された者はいなかった」との記述がずっと続いている。そうした世界が、新年俸制の導入という一事のみをもって簡単に変わるとは思えない。

また、五五歳の昇給停止も「一定年齢以上の昇給抑制」には含まれる。「ガイドライン」の追補版（令和三年十二月二十一日）に収録された事例集からは、多くの国立大学がそう考えているという事実が明らかになる。

既に全職員を対象に実施済みのこと（国家公務員の場合、平成二十六年一月一日の昇給から実施）であっても、新年俸制の要件を満たすものとしてカウントされる。そんな馬鹿なことが許されてよいはずはない。事例集に掲載されたこと自体が異常といえよう。

他方、クロスアポイントメント制度については、受入型では、「外国の大学・研究機関等」や「営利法人」を相手機関とするものが全体の約半数を占める（計五二・六％）ものの、派遣型では、その割合が一割程度（一〇・七％）にとどまっているという問題もある。派遣型の場合、相手機関としては「国立大学法人等」（三九・九％）や「国立研究開発法人等」（三〇・四％）の割合が高い（計七〇・三％。ちなみに、受入型は三五・四％）。

こうした相手機関の偏りについても、目を向ける必要があろう。

なお、「ガイドライン」によれば、「テニュアトラック制とは、優秀な教員・研究者が、一定の期間任期付きという競争的環境を経て、公正で透明性の高い審査を合格することで、任期のない安定的な職（テニュア）を得ることができるようにする制度」をいう（三〇頁）。それゆえ、審査に合格しなければ、テニュアは付与されない。

テニュアトラック制が up or out の制度である以上、当然のことではあるが、なぜこの明々白々な事実に触れないのか。

ポジティブな制度であることを強調したい気持ちもわからないではないが、テニュアトラック教員として採用された者に誤った期待をいだかせないためにも、テニュアトラックの定義は率直かつ明快なものに改めるべきであろう。

補　科技イノベ法の改正

「科学技術・イノベーション創出の活性化に関する法律」（科技イノベ法）は、平成三十年十二月の法改正（平成三十一年一月十七日施行）により、同法の題名がこのように変更されて以来、今日まで一度しか法改正を経験していない。令和二年六月の改正（令和三年四月一日施行）がそれである。

「科学技術」から「人文科学のみに係るものを除く」としていた科技イノベ法二条一項の規定を改めるとともに、人文科学分野を対象とする三つの独立行政法人（国立特別支援教育総合研究所、経済産業研究所、環境再生保全機構）を別表第一に掲げる「研究開発法人」に追加する。令和二年六月の法改正は、そんな法改正でもあった。

平成三十年十二月の法改正により、研究開発法人および国立大学法人等の人事交流の促進について定める十五条二項にクロスアポイントメントの活用を明記したものの、人文科学分野ではあまり進展がみられなかった。そこで、こうした状況を打開するために、科技イノベ法の改正は行われた。思うに、そんな見方もできるのではないか。

（令和四年五月二十三日）

第五話　カレント・トピックス（5）

大学の統合——公立大学編

令和三年五月一日現在、学校基本調査（文部科学省）によれば、公立大学（短期大学を除く）は九八校。学生数は一六万〇四三八人を数える。大学全体に占めるシェアは、それぞれ一二・二％、五・五％となっている。

公立大学といっても、学校数の八五・七％（八四大学）、学生数の九五・三％（一五万二八九二人）を地方独立行政法人法（地独法）六十八条一項に定める非公務員型の公立大学法人が占める。つまり、公務員型の公立大学は全体のごく一部（一四大学、七五四六人）を占めるにすぎない。

こうしたなか、令和四年四月一日には、旧大阪府立大学（府大）と旧大阪市立大学（市大）が統合することにより、大阪公立大学が開学の日を迎えた。

大阪公立大学の設置・管理者となる公立大学法人大阪が、旧公立大学法人大阪府立大学と旧公立大学法人大阪市立大学の新設合併によって設立をみたのが平成三十一年四月一日。以来三年の歳月が経過していた。

この間には、大学の英語名称をめぐって、大阪大学（Osaka University）との間で一悶着があったとはいうものの、最終的には大阪公立大学の英語表記を Osaka Metropolitan University とすることで決着をみる（なお、公立大学法人大阪の英語名称は University Public Corporation Osaka）。

こうして、一二の学部・学域、一五の大学院研究科を擁する、わが国最大規模（学生数約一万六〇〇〇人）の公立大学が、ここ大阪の地に誕生した。

ただ、会社の合併と同様、大学の統合（地独法では「合併」という。百十二条以下に規定する「新設合併」もその一つ）も、いうほどに簡単ではない。

府大と市大のように、もともとの設立団体（地独法六条三項）が大阪府と大阪市に分かれていた公立大学法人の合併であれば、なおさらである。新法人である公立大学法人大阪のかかえる、そうした難問の一つに就業規則の統合があった。

公立大学法人大阪（新法人）が設立をみた平成三十一年四月一日以降、令和四年三月三十一日までの三年間は、旧公立大学法人大阪府立大学および旧公立大学法人大阪市立大学（旧法人）からの承継教職員とともに、新法人による新規採用教職員についても、下記の条項に関しては、勤務場所に合わせて、旧法人の就業規則（法人事務局教職員については旧府大法人就業規則）を適用する。

平成三十一年四月一日に制定（同日適用、令和元年十一月一日施行）された公立大学法人大阪教職員就業規則においては、そうした当該規則の適用猶予措置が講じられた（附則第六項および第七項を参照）。

勤務評定、休職および復職、早期退職、職務専念義務免除、育児・介護休業、自己啓発休業、給与、退職手当、健康診断並びに就業の禁止に関する条項がそれである（注：早期退職および職務専念義務免除に関する規定は市大にはなかったため、旧市大法人就業規則上、三年間は適用なし）が、これらの条項についても、令和四年四月一日には、一律適用が図られることになる。

ただ、クロスアポイントメント制度による出向を命じられた教職員、年俸制教員の給与および職務発明の取扱いについては、大学名等をそれぞれに冠したクロスアポイントメント規程、年俸制教員給与規程および知的財産（権）取扱規程が適用される（就業規則本体には規定されなかったものの、サバティカルに関する規程も同様の取扱いを受ける）。そのような例外もなくはなかった。

新法人における就業規則の統合プロセスを概観すると、およそこのようになるが、給与については、給料表の一本化等、一筋縄ではいかない問題があった。

例えば、令和四年四月一日以降も、年俸制の適用を受ける教員について、府大と市大で内容の異なる給与規程（大阪府立大学年俸制教員給与規程および大阪市立大学年俸制教員給与規程）が併存することとなったように、年俸制の適用を受けない教員についても、新法人の給与規程（公立大学法人大阪教職員給与規程）が、教育職給料表を二本立てのもの（附則別表と別表第三、それぞれにつき附則第七項および四条三号を参照。なお、附則第七項の見出しは「経過措置」となっているが、「当分の間」といった文言を含め、期限の類は一切付されていない）として規定せざるを得なかったのは、一本化の限界を示したものといえる。

他方、教員以外の職員については、給料表の切替え（令和四年四月一日実施）で何とか対処したとはいえ、一般職給料表そのものの中身が、府大と市大では大きく異なっていた（これに、地域手当の違いが加わる）ため、切替えとはいっても、部外者にとっては容易に内容を把握し難いものとなった（「公立大学法人大阪教職員の給料表の切替えに係る措置に関する規程」を参照）。

ちなみに、府大でいう非常勤職員（事務補助員）、およびこれに相当すると思われる市大の短時間勤務一般職員（一般職（補助））の時間給は、大阪府の最低賃金である九九二円と同額となっている（大阪府立大学非常勤教職員等就業規則別表第二、大阪市立大学短時間勤務教職員給与規程別表第一を参照）。

総務省の指導に従って（？）、年二回、別途期末手当は支給する（一回につき一・一二五か月分。大阪府立大学非常勤教職員等の期末手当に関する規程、大阪市立大学短時間勤務教職員の期末手当に関する規程を参照）ものの、ベースとなる賃金は最低限に抑える。地方公共団体を設立団体とする、公立大学法人らしい対応といえよう。

私立大学の公立化とその現状

世の中に、万能薬（panacea）といえるものは存在しない。私立大学の公立化（公立大学法人の設立）も、その例外ではなかった。

公立化は、地方公共団体が用地や建物、資金等を提供して大学を誘致する公私協力方式、さらには地方公共団体が大学を設置し、その運営を民間に委託する公設民営方式によって設置された私立大学にのみ認められる「特権」であるが、地域における人材の確保等、地方公共団体が公立化に託した夢や期待は、率直にいって実現するに至っていない。

文部科学省の一一大学を対象とした「私立大学の公立化に際しての経済上の影響分析及び公立化効果の『見える化』に関するデータ」は、このような現実を明らかにする。

確かに、公立化に伴って、入学志願者数は増える（多くの場合、一時的には急増する）。しかし、設立団体の地域内入学者は一向に増えず、地域内入学者率（入学者全体に占める地域内入学者の割合）は、むしろ公立化後に低下するケースが大半を占める。

その結果、地域内就職率（就職者全体に占める地域内就職者の割合）も、低迷を続けることが常態化した。

こうしたなか、令和四年二月十九日には、兵庫県姫路市長の諮問に応じる形で、全国初の公私協力方式によって設立されたＨ大学の在り方について、関係審議会の答申があり、新聞等でも大きく報道された。

答申によれば、「公立大学法人化に対し、学びの選択肢が増えることを期待する意見や都市の規模からして公立大学があってもよいという前向きな意見があったものの、公立大学法人化だけをもって大学の実態が向上するものでないことや、自主的な運営改善に向けた取組が十分であるとは考え難いこと、市が大学運営に関するノウハウを有しないこと、近隣私立大学への影響、校舎等の老朽化対策に伴う多額の経費負担、市の財政に与えるマイナスの影響など」を理由に、審議会としては「公立大学法人に移行することは難しく、私立大学として存続していくことが望ましいとの結論」に達したという。

令和三年の入試では、一〇〇名の募集人員に対して、入学者数が二六名にとどまる学部もあった。こうした事実を考慮すれば、やむを得ない判断であったといえよう。

（令和四年六月十三日）

第六話　カレント・ケース——大学編（1）

科技イノベ法と無期転換

非常勤講師は研究者か。**学校法人専修大学事件＝令和三年十二月十六日東京地裁判決**では、このことが最大の争点となった。

「本件は、平成元年から被告との間で有期労働契約を締結して更新している原告が、被告に対し、令和元年六月二十日、労働契約法（略）十八（ママ）条一項に基づき無期転換の申込みをしたため、同日、原告と被告との間に、当時の有期雇用契約の契約期間満了日の翌日（ママ）（令和二年三月十四日）を始期とする期間の定めのない労働契約が成立したと主張し」、「期限の定めのない労働契約上の権利を有する地位にあることの確認」等を求めた事案であったが、判決は、当該確認請求を正面から認めるものとなる。

根拠法は、令和二年改正前の「科学技術・イノベーション創出の活性化に関する法律」（科技イノベ法。判決にいう科技イノベ活性化法がこれに当たるが、以下ではこの略称を使用する）。

科技イノベ法十五条の二は、労働契約法の特例について、次のように定めていた（以下、傍線は筆者による）。

（労働契約法の特例）

第十五条の二　次の各号に掲げる者の当該各号の労働契約に係る労働契約法（略）第十八条第一項の規定の適用については、同項中「五年」とあるのは、「十年」とする。

一　科学技術に関する研究者又は技術者（科学技術に関する試験若しくは研究又は科学技術に関する開発の補助を行う人材を含む。第三号において同じ。）であって研究開発法人又は大学等を設置する者との間で期間の定めのある労働契約（以下この条において「有期労働契約」という。）を締結したもの

二　科学技術に関する試験若しくは研究若しくは科学技術に関する開発又はそれらの成果の普及若しくは実用化に係る企画立案、資金の確保並びに知的財産権の取得及び活用その他の科学技術に関する試験若しくは研究若しくは科学技術に関する開発又はそれらの成果の普及若しくは実用化に係る運営及び管理に係る業務（専門的な知識及び能力を必要とするものに限る。）に従事する者であって研究開発法人又は大学等を設置する者との間で有期労働契約を締結したもの

三・四　略（共同研究開発等およびその関連業務に専ら従事する者の規定）

２　略（在学中の期間を通算契約期間に算入しない旨の規定）

当該条文をもとに、判決は次のように判示する。
科技イノベ法「十五条の二第一項二号（ママ）の『研究者』は、研究開発法人又は有期労働契約を締結している大学等において業務として研究開発を行っている者であることを要すると解すべきであり、被告の設置する専修大学において、学部生に対する初級から中級までのドイツ語の授業、試験及びこれらの関連業務にのみ従事している原告は、『研究者』に該当しないというべきである」。

すなわち、原告のような非常勤講師には、労働契約法の特例（判決のいう「十年超えの特例」）は認められないというのである。

しかし、条文を素直に読む限り、科技イノベ法十五条の二第一項一号の「研究者」は、二号以下に定める者とは異なり、特定の業務への従事を前提としていないことは明らかであり、判旨には大いに疑問がある。

このことに関連して、判決は、科技イノベ法「十五条の二第一項一号の『研究者』につき、研究実績がある者、又は、大学等を設置する者が行った採用の選考過程において研究実績を考慮された者であれば『研究者』に該当すると解した場合、大学教員は、研究実績がある者であったり、研究実績を選考過程で考慮された者であったりすることがほとんどである」ことを問題視する。

とはいえ、研究者とは何かを定義した法令こそ存在しないものの、研究者であることは大学教員にとって、常勤・非常勤の別を問わず、当然の前提＝与件として理解されているという現実がある。

本件の場合、非常勤講師を含む兼任講師の採用に当たっては、「専任講師に準じて、『研究上の成績優秀であって、博士課程において五年以上在学し、所定の単位を修得し、かつ必要な研究指導を受けた者』又は『これと同等以上の学識経験を有するものと認められた者』について」資格審議を行う旨定める規程が存在したことが事実として認定されているが、原告が被告に採用された平成元年当時の大学院設置基準（昭和四十九年六月二十日文部省令第二十八号）も、以下のような定めを置いていた（一項は制定当時のまま。傍線部については、現行規定もこれを踏襲）。

（博士課程）

第四条　博士課程は、専攻分野について研究者として自立して研究活動を行うに必要な高度の研究能力及びその基礎となる豊かな学識を養うことを目的とする。

２～５　略

「研究者」の範囲を業務として研究活動を行っている者に限らなければ、歯止めがなくなる。判決は、そのように考えたのであろうが、判決のような法解釈を是とすると、労働契約法の特例が認められる非常勤講師は逆にほとんどいなくなってしまう。

他方、こうした判決の立場は、次のような立法趣旨（ちなみに、十五条の二は議員立法による）とも明確にバッティングする。こういって間違いあるまい。

○衆議院議員（伊藤渉君）　……最終的には個別具体的な事例に即しての判断がなされるものと、こういうふうに考えておりますけれども、大学において行われる教育は研究と不可分のものでございまして、大学教員等のうち非常勤講師につきましても、講師は、常勤、非常勤を問わず、教授又は准教授に準ずる職に従事する職として学校教育法に位置付けられておりますとともに、大学教員等の任期について必要な事項を定める大学の教員等の任期に関する法律の対象ともなっていること、また、同一組織内において同一種の職である者が無期労働契約への転換について異なる人事上の取扱いとなることは適切ではなく、今回の特例の対象者が大学内において曖昧になるおそれがあること、以上のような観点から、法改正においても特例の対象とさせていただいております（以上、第一八五回国会参議院文教科学委員会（平成二十五年十二月五日）における、発議者の一人である公明党衆議院議員の答弁より抜粋）。

適用除外という選択肢

「十年超えの特例」といっても、労働契約法十八条一項に規定する「五年」を「十年」に延長したにすぎない。「せいぜいが時間稼ぎでしかない」ことは、早い時期からわかっていた（拙著『法人職員・公務員のための労働法72話』（ジアース教育新社、平成二十七年）

一九二頁を参照）。その「十年」が、間もなく令和五年三月三十一日には経過する。

学校法人専修大学事件では、原告が「有期労働契約である場合には雇止めをされるおそれがある」と主張。判決も「原告には雇止めによる契約終了の危険又は不安があり、これを除去する」必要があるとした（このことが原告の地位確認請求について、確認の利益があるとする根拠とされた）。だが、有期労働契約だからといって、常に雇止めの危険や不安を伴うわけではない。

むしろ、非常勤講師の場合、期間の満了を理由としていつでも契約を終了することができた（そのように判例も理解してきた。拙著『法人職員・公務員のための労働法　判例編』（ジアース教育新社、平成三十年）四五頁以下を参照）からこそ、大学側も安心して契約を更新することができたとも考えられる。

だとすれば、こうした非常勤講師については、無期転換規定に特例（通算契約期間の上限）を設けるのではなく、無期転換規定それ自体の適用除外を図ることが、問題を解決に導くためのカギを提供することになる。

非常勤講師にとって、本当に望ましい選択肢とは何か。

逆説的ではあるが、無期転換規定の適用除外もその一つとして検討する必要があろう。

（令和四年六月二十七日）

第七話　カレント・ケース――大学編（2）

大学教員任期法と無期転換(一)

有期の専任教員は研究者か。**学校法人茶屋四郎次郎記念学園（東京福祉大学）事件＝令和四年一月二十七日東京地裁判決**では、このことが争点の一つとなるはずであった。

第六話でみたように、科技イノベ法（科学技術・イノベーション創出の活性化に関する法律）は、十五条の二第一項で、労働契約法十八条一項に定める無期転換の特例について規定しているが、原告は次のようにして、当該特例は適用されないと主張していたからである。

「総務省が作成している『日本標準職業分類』では『研究者』と『教員』は別の職業とされているところ、原告は、『教員』であって、もっぱら研究のみを職務とする『研究者』ではないから、［科技イノベ法十五条の二第一項］第一号の『研究者』には該当しない。また、上記特例が設けられた立法過程の議論に照らし、五年を超えるような研究開発プロジェクトに関わらない専任講師である原告について、無期転換申込みをするために必要な通算契約期間を延長しなければならない理由［は］ない」。

原告の主張は、およそ屁理屈に等しいもの（前段の研究者と教員を区別する議論はもとより、後段の「研究開発プロジェクト」云々の議論も、国会で示された例示を、あたかもそれだけが通算契約期間の延長理由であったかのように主張するものでしかない）であり、被告も「原告の職務内容に研究が含まれることは、雇用契約書及び教員就業規則上明らかであると、これを軽くいなすことですませている（なお、**第六話**で指摘したように、科技イノベ法十五条の二第一項一号は、研究者（または技術者）であることを要件とするものであって、研究の業務への従事を要件とするものではないが、本件の場合、このことは争点となっていない）。

しかるに、裁判所は、以下にみるように、科技イノベ法ではなく、大学教員任期法（大学の教員等の任期に関する法律。判決にいう教員任期法）に規定する特例の問題として、これを処理することになる。

「教員任期法は、二条二号において『教員』を『大学の教授、准教授、助教、講師及び助手をいう。』と定義した上で、七条において、学校法人との間で有期労働契約を締結した大学の教員の当該労働契約に係る労働契約法十八条一項の規定の適用については、同項中『五年』とあるのを『十年』とする旨の労働契約法の特例を定めている。原告は、東京福祉大学の専任講師であるから、教員任期法所定の『教員』に該当し、原告と大学を設置する学校法人である被告との間で締結された有期労働契約については、教員任期法七条が適用される（この点については、原告も争っていない）。したがって、原告が被告に対して無期転換申込みを行うためには通算契約期間が十年を超えていることが必要となるところ、本件無期転換申込みの時点で原告と被告の間の有期労働契約の通算契約期間は十年に満たないから、被告が本件無期転換申込みを承諾したものとみなされることはないというべきである」。

科技イノべ法「十五条の二第一項は、教員任期法七条と同旨の労働契約法の特例を定めているところ、同項が原告に適用されるかについては、当事者間に争いがあるが、この点の帰趨は［前述した］結論を左右するものではないから、［当該］争点については判断する必要がない」。

なお、大学教員任期法は、四条一項で任期を定めることができる場合を同項各号のいずれかに該当するときに限定しているが、このことを原告は争点としなかった（大学教員についでは同法の適用があることをフラットに認め、科技イノべ法との重畳適用のみを問題とした）ため、裁判所もスルーした。

それゆえ、大学教員任期法二条二号に規定する教員であれば、すべからく任期を定めることができると、裁判所は――一般論として――判示したわけでは決してない。右の判旨を読むに当たっては、このような点にも留意する必要があろう。

では、判決の結論はどうなったのか。無期転換は認められないとしても、平成二十五年四月一日以降における通算契約期間が六年となる原告には、結局のところ「本件労働契約が更新されるものと期待することについて合理的な理由」があり、平成三十年度末をもって行われた「本件雇止めは、客観的に合理的な理由を欠き、社会通念上相当であるとは認められない」として、労働契約法十九条を根拠に、原告の地位確認請求を認容する。それが、判決の結論＝主文第一項となった。

ただ、その結論には疑問がある。例えば、原告が「オリエンテーションに複数回遅刻し、平成二十九年度及び平成三十年度のカリキュラム編成専門部会を事前の欠席届を提出しないままに複数回（注：平成二十九年度は一三回中九回、三十年度は一三回中六回）欠席したことについて、判決は、いずれの場合にも「具体的な支障を生じさせたわけでない」として、「本件雇止めをする客観的に合理的な理由とまではいい難［い］」とするが、具体的な支障が生じなければ遅刻も無断欠席もＯＫというのでは、大学の秩序は崩壊する。

ちなみに、本件の場合、未払いの賃金および賞与の支払いを命じた判決の主文第二項⑴および第三項⑴の末尾は、ともに「各支払済みまで年六分の割合による金員を支払え」とするものとなっている。

しかしながら、学校法人は、国立大学法人や公立大学法人と同様、商人ではないため、学校法人を被告とする賃金の支払い請求は、商事法定利率が廃止された令和二年四月一日より前のものであっても、年六分の商事法定利率ではなく、年五分の民事法定利率が遅延損害金の利率となる（以上につき、拙著『法人職員・公務員のための労働法72話』（ジアース教育新社、平成二十七年）二六一頁を併せ参照）。

原告の請求に引きずられたものとはいえ、法律のプロとしては考えにくいミスである。確かに、令和二年四月以降の請求分については「民法四百四条二項及び三項の定める法定利率」と請求の趣旨の誤りが補正されているものの、十分な補正にはなっていない。こういえば、酷にすぎるであろうか。

補　一一八万人の無期転換？

厚生労働省が常用労働者五人以上の民営事業所を対象に実施した「令和三年有期労働契約に関する実態調査（個人調査）」の報告書によれば、令和元年度および二年度に無期転換した者は、一五五万人強（一五五万三九〇七人）。うち、労働契約法十八条に規定する無期転換ルールによる者は、約一一八万人（一一七万七〇三八人）という調査結果が得られた。

ここに示された人数は「本調査の母集団に復元した後の労働者数」を意味しているが、本調査の場合、有効回答者数は、有期契約労働者数（復元後の人数では一二四〇万四四五八人）を足した合計で六六六八人を数えたものの、復元後の人数をもとにこれを按分すると、本調査における無期転換者数、つまり「契約期間の定めのある働き方から定めがない働き方に転換した」と回答した者の数は、実際には七四〇人程度（七四二人）でしかなかったことがわかる。

標本の抽出方法に問題がなく、サンプル数が六〇〇〇を超えていれば、調査結果に疑問を差し挟む余地はない。統計のプロであればこういうのかもしれないが、無期転換ルールによる無期転換者だけでも一一八万人いたという調査結果は、これを信じろというほうが難しい。

下記の総務省「労働力調査」（基本集計）の年平均結果（官公と規模五人未満を除く）をみても、有期契約の雇用者数は減少傾向にあるとはいえ、無期契約の雇用者数はそれほど大きく変動していない（令和元年には平成三十一年分を含む）。なお、正規の職員・従業員数はこの間に五五万人増加している。一〇〇万人を超える無期転換があったとはとても思えない。それが正直な感想であろう。

	無期契約	有期契約
・令和元年	三一九〇万人	一二九二万人
・令和二年	三一九五万人	一二五一万人
・令和三年	三二二〇万人	一二一九万人

（令和四年七月十一日）

第八話　カレント・ケース――大学編（３）

大学教員任期法と無期転換(二)

大学の教員等の任期に関する法律（大学教員任期法）は、平成九年の制定（六月十三日法律第八十二号、八月二十五日施行）当初、次のように定めていた。国立大学法人や公立大学法人は、まだこの世に存在しない。そんな時代の話である。

（国立又は公立の大学の教員の任期）

第三条　国立又は公立の大学の大学管理機関（略）は、当該大学の教員（常時勤務の者に限る。以下この条及び次条において同じ。）について、次条の規定による任期を定めた任用を行う必要があると認めるときは、教員の任期に関する規則を定めなければならない。

２　国立又は公立の大学は、前項の規定により大学管理機関が教員の任期に関する規則を定め、又はこれを変更したときは、遅滞なく、これを公表しなければならない。

３　第一項の教員の任期に関する規則に記載すべき事項及び前項の公表の方法については、文部省令で定める。

第四条　任命権者は、前条第一項の教員の任期に関する規則が定められている大学について、教育公務員特例法第十条の規定に基づきその教員を任用する場合において、次の各号のいずれかに該当するときは、任期を定めることができる。
一　先端的、学際的又は総合的な教育研究であることその他の当該教育研究組織で行われる教育研究の分野又は方法の特性にかんがみ、多様な人材の確保が特に求められる教育研究組織の職に就けるとき。
二　助手の職で自ら研究目標を定めて研究を行うことをその職務の主たる内容とするものに就けるとき。
三　大学が定め又は参画する特定の計画に基づき期間を定めて教育研究を行う職に就けるとき。
2　任命権者は、前項の規定により任期を定めて教員を任用する場合には、当該任用される者の同意を得なければならない。

公務員の任用は、任期の定めのないことを原則とする。平成九年当時、人事院規則八―一二（職員の任免）は、十五条の二第一項で「任命権者は、臨時的任用及び併任の場合を除き、恒常的に置く必要がある官職に充てるべき常勤の職員を任期を定めて任用してはならない」と規定していた（平成二十一年全面改正後の同規則四十二条一項に同じ）。

大学教員任期法四条一項が「任期を定めることができる」場合を、同項「各号のいずれかに該当するとき」に限定した理由もここにあった。

確かに、五条一項は、「学校法人は、当該学校法人の設置する大学の教員について、前条第一項各号のいずれかに該当するときは、労働契約において任期を定めることができる」と規定するものではあった（現行規定では、これに国立大学法人等が加わる）。

だが、「労働基準法の適用される私立大学の教員にとって、労働契約に任期を定めることに法的な障碍はなく」（拙著『法人職員・公務員のための労働法72話』（ジアース教育新社、平成二十七年）一五三頁）、学校法人の場合、任期を定めるのにそもそも理由は要らなかった（平成九年当時、三年または五年といった任期を定めることが労働基準法上できたかどうかは、ここでは問題としない）。

こうしたなか、大学教員任期法四条一項一号（平成二十六年の改正により「かんがみ」が「鑑み」と改められた点を除き、現行規定との間に違いはない）の解釈をめぐって、注目すべき判例が出現する。**学校法人羽衣学園（羽衣国際大学）事件＝令和四年一月三十一日大阪地裁判決**がそれである。

判決はいう。「原告は、本件労働契約に基づき、被告大学において専任教員と称される『講師』の地位にあったところ（略）、『講師』は、学校教育法（略）上、専攻分野について学生を教授し、その研究を指導し、又は研究に従事するものとされる『教授』又は『准教授』

に準ずる職務に従事する職である旨位置付けられており（学校教育法九十二条参照）、多様な人材の確保が特に求められるべき教育研究組織の職たり得るものである。

また、原告は、介護福祉士養成関係を中心とした分野の講座を担当するなどしていたものであるところ（略）、その分野自体、一定の専門性があるものと認められるほか、原告の担当科目数は、一セメスターあたり週六～七授業科目数（コマ）、年間一二～一四授業科目数（コマ）であり、所属学部のカリキュラムの学年進行、当該年度の教育方針等の理由により、これを下回る場合には、他の教育研究、学内行政業務で補うことも予定されているものであり（略）、原告の専攻ないし担当分野について一定の広がりがあるものということもできる。

以上によれば、本件労働契約に基づく原告の地位は、大学教員任期法四条一項一号のうち『その他の当該教育研究組織で行われる教育研究の分野又は方法の特性に鑑み、多様な人材の確保が特に求められる教育研究組織の職』に該当すると認められる」。

「原告は、『先端的』、『学際的』及び『総合的な教育研究』でもなければ『その他の当該教育研究組織で行われる教育研究の分野又は方法の特性に鑑み、多様な人材の確保が特に求められる教育研究組織の職』にも該当しないと主張するが、被告大学が最高学府としての大学としての実質を有しない、あるいは原告がその専門分野や担当する授業ないし業務からみて、……大学講師としての実質を有しないことを認めるに足る証拠はなく、原告の主張は採用できない」。

実にあっけらかんとした判旨である（法令で「Ａその他のＢ」という場合、ＡはＢの例示となることから、右のような条文の理解には疑問もないわけではない）が、その背景には、次のように定める大学教員任期法一条の定め（なお、改正のなかった本条の場合、「かんがみ」もそのまま）があった。

（目的）

第一条　この法律は、大学等において多様な知識又は経験を有する教員等相互の学問的交流が不断に行われる状況を創出することが大学等における教育研究の活性化にとって重要であることにかんがみ、任期を定めることができる場合その他教員等の任期について必要な事項を定めることにより、大学等への多様な人材の受入れを図り、もって大学等における教育研究の進展に寄与することを目的とする。

判決も、当該目的規定を引用しつつ、大学教員任期法は「同法所定の要件を充足した場合に大学の教員に関する雇用の流動性を予定していると解される」とし、このことを判断の基礎に据える。

例えば、「同法は、一定の場合にあらかじめ教員の任期に関する規則を定めることにより教員の任期を定めることができること（大学教員任期法四条、五条）や同法五条一項の規定による任期の定めのある労働契約を締結した教員に一〇年特例（注：無期転換権発生までの通算契約期間を一〇年とする特例）の適用がある旨定めている（大学教員任期法七条）ものの、労働契約の締結時ないし更新時、原告主張に係る特別な説明や同意等が大学教員任期法ないし一〇年特例を適用するための要件となる旨の規定を置いていない」として、「原告指摘に係る行政庁が発出した改正公布通知等（略）は、制度の円滑な運用の実施及び恣意的な運用の防止の観点から望ましい事項や留意事項を例示的に掲げたものと理解されるものの、法規範ではなく、これらの通知があることによって同通知に記載された事項そのものが直ちに大学教員任期法ないし一〇年特例の適用要件になるものと解することはできない」と判示したのも、こうした判例の立場を前提とするものといえる。

平成二十五年四月一日以降の通算契約期間が六年（三年契約を一回更新）と、五年を超えていたとはいえ、一〇年特例が右のようにして適用される結果、無期転換権の行使は認められない。それが本件における判決の結論でもあった（**【後記】**その後、控訴審（**令和五年一月十八日大阪高裁判決**）は、本件講師職は大学教員任期法四条一項一号および三号のいずれにも該当しないとして、一〇年特例の適用を否定。地位確認を認めるものとなる。大学教員任期法の解釈としてはむしろ素直な解釈であったといえるが、公務員時代の事情を背景とする法律をそのまま今日まで維持してきたことにも問題はあるといえよう）。

（令和四年七月二十五日）

第九話　カレント・ケース――大学編（４）

非常勤講師と労働契約法上の「労働者」

労働契約法（労契法）は、六条で「労働契約は、労働者が使用者に使用されて労働し、使用者がこれに対して賃金を支払うことについて、労働者及び使用者が合意することによって成立する」と規定するとともに、二条一項で「この法律において『労働者』とは、使用者に使用されて労働し、賃金を支払われる者をいう」と定めている。

国立大学法人東京芸術大学事件＝令和四年三月二十八日東京地裁判決では、被告大学の非常勤講師であった原告が労契法二条一項にいう「労働者」に該当するか否かが、最大の争点となった。

本件は、非常勤講師の委嘱契約の更新を拒否された原告が、労契法十九条に基づき、従前と同一の労働条件で労働契約が更新されたとみなされる旨を主張して、被告に対し、労働契約上の権利を有する地位にあることの確認等を求めた事件であったが、判決は、原告の請求を棄却するに当たり、要旨次のように判示した（番号・改行は筆者による）。

(1)　労契法上の「労働者」の判断枠組み

原告が労契法二条一項の「労働者」に該当するか否かは、本件契約の内容、本件契約等に基づく労務提供の実態等に照らし、原告が被告の指揮監督下において労務を提供し、当該労務の提供への対価として償金を得ていたといえるか否か（原告と被告との間に使用従属関係が存在するといえるか否か）という観点から判断するのが相当である。

(2)　原告の労働者性の有無

ア　本件においては、まず以下の事実が認められる。

①　原告は、平成十三年四月から令和二年三月までの間、任用行為又は有期契約の更新を繰り返しながら非常勤講師として被告大学の音楽教育に継続的に携わっていた。

②　原告は、本件契約に基づき、平成三十一年度（令和元年度）に被告のＣセンターにおいて開講されていた本件各講義（劇場芸術論および劇場技術論、合計四八コマ）の担当教官に任ぜられていた。

③　本件各講義の共通テーマは被告によって決定されて授業計画書（シラバス）にも記載され、原告は予定された講義日程に従い、指定された「指揮、オペラ制作」に関する座学等を内容とする授業を前期・後期ごとに各二回行うことを指示されていた。

④　原告は、本件各講義の担当教官として、同講義の運営を主導していたＦ講師の業務の補佐を指示されており、その一環として、他の外部講師が担当していた授業にもオブザーバーとして出席していた。

イ　他方、本件においては、以下の事実も認められる。

①　本件各講義で予定されていた各授業の具体的な方針や授業内容については外部講師とＦ講師の協議により決定されており、原告が担当する授業（指揮・オペラ制作）の具体的な方針や内容も原告の裁量に委ねられていた。

②　原告は、Ｆ講師の補佐業務の遂行に当たっても被告から具体的な指揮命令等を受けていた形跡はなく、また、他の外部講師が担当する授業へのオブザーバー参加に関しても出席の頻度は全体の七割程度にとどまっていた。

③　原告は、担当ないし出席する授業の時間帯及び場所が指示されていただけで、特に始業時間及び終業時間等の勤務時間の管理を受けておらず、他の外部講師が実施する授業に遅刻、早退又は欠席をする場合であっても被告による事前の許可あるいは承認が必要とはされていなかった。また、他の外部講師が担当する授業に欠席等をしたことを理由に本件契約に係る委嘱料が減額されるといったこともなかった。

④　原告は、被告から許可を得ることなく兼業をすることが可能とされており、現にＣセンター以外の被告大学の部局や被告以外の団体からも業務を受託して報酬を

得ていた。

⑤　加えて、原告が被告の教授、准教授、専任講師等と同様に本件各講義に係る業務以外の被告の組織的な業務に従事していたことを認めるに足りる的確な証拠はない。

ウ　以上の諸事情を総合すると、

①　被告は、原告に対し、被告大学における講義の実施という業務の性質上当然に確定されることになる授業日程及び場所、講義内容の大綱を指示する以外に本件契約に係る委嘱業務の遂行に関し特段の指揮命令を行っていたとはいい難く、むしろ、本件各講義（原告が担当する授業）の具体的な授業内容等の策定は原告の合理的な裁量に委ねられており、原告に対する時間的・場所的な拘束の程度も被告大学の他の専任講師等に比べ相当に緩やかなものであったといえる。

②　また、原告は、本件各講義の担当教官の一人ではあったものの、主たる業務は自身が担当する本件各講義の授業の実施にあり、業務時間も週四時間に限定され、委嘱料も時間給として設定されていたことに鑑みれば、本件各講義において予定されていた授業への出席以外の業務を被告が原告に指示することはもとより予定されていなかったものと解されるから、原告が、芸術の知識及び技能の教育研究という被告大学の本来的な業務ないし事業の遂行に不可欠な労働力として組織上組み込

まれていたとは解し難く、原告が本件契約を根拠として上記の業務以外の業務の遂行を被告から強制されることも想定されていなかったといえる。

③　加えて、原告に対する委嘱料の支払と原告の実際の労務提供の時間や態様等との間には特段の牽連性は見出し難く、そうすると、原告に対して支給された委嘱料も、原告が提供した労務一般に対する償金というよりも、本件各講義に係る授業等の実施という個別・特定の事務の遂行に対する対価としての性質を帯びるものと解するのが相当である。

以上によれば、上記アの事情を原告に有利に考慮しても、原告が本件契約に基づき被告の指揮監督の下で労務を提供していたとまでは認め難いといわざるを得ないから、本件契約に関し、原告が労契法二条一項所定の「労働者」に該当するとは認められず、本件契約は労契法十九条が適用される労働契約には該当しないものというべきである。

非常勤講師は労働者か。今回、この問いに対して東京地裁は「ノー」と回答した。とはいえ、事実関係が異なれば、結論が逆になる可能性もなくはない。

例えば、他の外部講師が担当する授業へのオブザーバーとしての出席率が七割程度ではなく、一〇割に近かった（事実上出席が強制されていた）場合はどうか。また、出席率に応じて委嘱料が減額されていた場合はどうか、といった問題がある。

しかし、仮にオブザーバーとしての出席が義務づけられていたとしも、それは週二コマの授業をフルに担当する非常勤講師と、何ら異なるものではない。そのような非常勤講師の場合、たとえ月単位で報酬が設定されていたとしても、「休んだ」分の授業については、補講の実施を求められることになろう。

だとすれば、右にみたような本件に固有の事情は、労働者性を否定するための補強要素ではあっても、それ以上のもの（必要条件）ではないと考えるのが妥当であろう。

なお、被告の主張するところによれば、「被告は、令和三年四月一日以降、被告大学の非常勤講師について、契約形態を雇用契約又は業務委託契約のいずれかに選択できる制度を導入したが、雇用契約を選択した非常勤講師の数は全体の二割程度であった」という。

「契約の性格は、あくまで客観的に決まる」（拙著『現場からみた労働法３――コロナ禍の現状をどう読み解くか』（ジアース教育新社、令和四年）一三五頁以下、一四〇頁）。

したがって、右のような選択が法理論的にみて可能かどうかという問題はあるものの、「創作者を育てる場」である東京芸術大学（宮田亮平「私の履歴書」令和四年二月十六日付け『日本経済新聞』）に、雇用契約はふさわしくない。こう考える非常勤講師が多かったということであろう。

（令和四年八月八日）

第一〇話　カレント・ケース――大学編（5）

大学教員と契約期間の上限

期間の定めのある契約（有期契約）は、期間の満了によって自動的に終了する。労働契約もその例外ではない。裁判官もそう考えている（拙著『法人職員・公務員のための労働法　判例編』（ジアース教育新社、平成三十年）三九頁を参照）。

確かに、労働契約法十九条の定めるところにより、「当該有期労働契約が過去に反復して更新されたことがあるものであって、その契約期間の満了時に当該有期労働契約を更新しないことにより当該有期労働契約を終了させることが、期間の定めのない労働契約を締結している労働者に解雇の意思表示をすることにより当該期間の定めのない労働契約を終了させることと社会通念上同視できると認められる」場合（一号）や、「当該労働者において当該有期労働契約の契約期間の満了時に当該有期労働契約が更新されるものと期待することについて合理的な理由があるものであると認められる」場合（二号）には、有期労働契約の更新拒否（雇止め）も、十六条の解雇に準じた規制を受ける。

つまり、雇止めが「客観的に合理的な理由を欠き、社会通念上相当であると認められないときは、使用者は、従前の有期労働契約の内容である労働条件と同一の労働条件で当該［労働契約締結の］申込みを承諾したもの」とみなされる。

しかし、更新手続きさえきちんとしていれば解雇と同視されるようなことはなく（一号該当の回避）、更新回数に限度を設け、または通算契約期間＝継続雇用期間に上限を設けることにより、更新への誤った期待が生じないようにすること（二号該当の回避）もできる。

このことをもって、脱法行為等と非難されるいわれはない。

例えば、平成十六年一月一日に施行された労働基準法の一部改正法の施行通達（平成十五年十月二十二日基発第一〇二二〇〇一号）は、雇止めの理由の明示例として「契約締結当初から、更新回数の上限を設けており、本契約は当該上限に係るものであるため」を挙げていた。

そして、このことを一つの拠り所として、改正労働基準法の施行後間もなく、法人化の日（平成十六年四月一日）を迎えた国立大学では、任期付きの常勤職員や非常勤職員について「更新回数や継続雇用期間に上限を設けることになった」（以上につき、拙著『職場の法律は小説より奇なり』（講談社、平成二十一年）一三八―一四一頁を参照）。

さらに、平成二十四年には、労働契約法の改正により、改正後の十八条が「有期労働契約の期間の定めのない労働契約への転換」について規定することになる。

通算契約期間が五年を超えると、無期転換の申込権が労働者に発生するというのが十八条の内容であった（なお、同条は、改正附則第二項により、「前項ただし書に規定する規定の施行の日（注：平成二十五年四月一日）以後の日を契約期間の初日とする期間の定めのある労働契約について適用し、同項ただし書に規定する規定の施行の日前の日が初日である期間の定めのある労働契約の契約期間は、同条第一項に規定する通算契約期間には、算入しない」ものとされる）が、通算契約期間の上限を五年等と定める就業規則の規定がここでも無期転換の阻止を意図したものとして非難される余地はあった（筆者もその可能性は否定しない。拙著『労働法改革は現場に学べ！――これからの雇用・労働法制』（労働新聞社、平成二十七年）九七頁を参照）。

とはいえ、「契約期間が長いという理由だけで、有期雇用を無期雇用に転換することは、通常の経営者にとってはできない相談であり、長期継続雇用を保障できない者に対して、安易にこれを約束することは、経営判断としても無責任にすぎる」（拙著『労働法の「常識」は現場の「非常識」――程良い規制を求めて』（中央経済社、平成二十六年）一〇七頁）。

「できないことは約束しない」。通算契約期間の上限設定も、そんな現場の知恵を具体化したものにすぎなかったのである。

他方、通算契約期間の上限設定とはいっても、無期転換を含め「例外」を認めざるを得ないケースもある。

例えば、**学校法人目白学園（目白大学）事件＝令和四年三月二十八日東京地裁判決**の場合、有期雇用教員である原告に適用される「有期雇用教員任用規則」には、次のような定めが置かれていた。

（有期雇用の明示）

第四条　有期雇用教員の任用に当たっては、任用の発議の段階からその旨を明示するものとする。

２　略（面接等における有期雇用の確認等）

（他の職位又は他の雇用形態への転換）

第五条　優秀な人材の確保等の観点から、有期雇用教員のうち特に必要と認めた者については、雇用期間中に、本人の同意を得た上で、各教員選考手続規則による所定の審査を経て他の職位又は期限を付さない雇用に任用を転換することがある。ただし、理事長が承認した場合を除き、定数規則に定める定数の範囲内とする。

（雇用期間満了による退職）

第六条　有期雇用教員は、任期の満了をもって退職するものとする。

（雇用契約の更新）

第七条　前条の規定にかかわらず、有期雇用期間中の勤務成績が特に優れており、さらなる貢献が期待できると学科長が判断し、学部長が承認した有期雇用教員については、各教員選考手続規則による所定の審査を経て通算雇用期間が五年を超えない範囲で有期雇用契約を更新することがある。

すなわち、通算契約期間（上記規則にいう通算雇用期間）の上限は五年とする（七条）が、所定の審査を経ること等を条件に、雇用期間中の無期転換等の余地を認める（五条）。被告における制度の概要は、このようなものであったということができる。

その背景には、被告が主張し、判決も認める次のような事情があった。

「大学設置基準上、教員の定員を充たすかどうかが専任教員の数で定まり、他大学に移籍した場合に人数が減少して定員を充たさないことになる可能性が高まることから一定数の無期専任教員を置く必要がある反面、一定数を有期雇用にして学生数の増減に対応できるようにしておく必要がある」。

こうした前提のもと、原告の在籍していた学科では「無期雇用教員の割合が高く近い将来定年退職又は自己都合退職する予定のある者が存在しなかったことなどを踏まえ、無期専任教員を増員しない」旨、被告は決定する。

この決定に基づいて行われた「本件雇止めが無期転換申込権阻止を目的としていて労働契約法十七条二項（注：「使用者は、有期労働契約について、その有期労働契約により労働者を使用する目的に照らして、必要以上に短い期間を定めることにより、その有期労働契約を反復して更新することのないよう配慮しなければならない」と規定）や同法十八条に違反して違法かつ無効である」とする原告の主張に対しては、判決は次のように応答した。

「そもそも……大学の教員の雇用については一般に流動性のあることが想定されているのであり、……有期雇用教員任用規則五条が規定する他の職位又は期限を付さない雇用に任用が転換されない限り五年を超えて有期雇用契約が継続しない制度とした上で、教員の一定数を無期とすべき必要性と教員の一定数を有期とすべき必要性を踏まえて人事権限を行使することが、労働契約法十七条二項や同法十八条に違反するとは考えられない」。

判決は、その一方で「本件雇止めが客観的に合理的な理由を欠き社会通念上相当であると認められない場合というのは、被告が有期雇用教員任用規則五条で規定する審査、判断等に当たり不当目的に基づく恣意的な運用を行うなどその権限を濫用した場合に限られる」ともする。

無期転換の例外を認める場合にも、被告のように対処すれば問題は生じない。本件は、その可能性を示唆した事件でもあった。

（令和四年八月二十二日）

第一一話　カレント・ケース――大学編（6）

大学教員と労働時間の算定

Aという請求は認めないものの、Bという請求は認める。このようにして、請求の一部認容という形で〝バランス〟を取る。そんな判例は結構多い。**第一〇話**で取り上げた**学校法人目白学園（目白大学）事件＝令和四年三月二十八日東京地裁判決**も、その例外ではなかった。

地位確認請求を棄却する一方で、未払残業代の支払請求は概ね認容する。こういえば、ごくありふれた事件に聞こえるが、未払残業代の支払いを求めた原告が大学教員だとすると、話は違ってくる。

本件の場合、被告大学では、教員を対象とする裁量労働制が導入されていなかった。しかる以上、大学教員であっても、「労働時間の適正な把握のために使用者が講ずべき措置に関するガイドライン」（平成二十九年一月二十日基発〇一二〇第三号）がストレートに適用される。

判決では一言の言及もないとはいえ、こうした前提やそれに基づく判断が結論を大きく左右したことは間違いない。

ガイドライン＝局長通達に曰く。「労働時間とは、使用者の指揮命令下に置かれている時間のことをいい、使用者の明示又は黙示の指示により労働者が業務に従事する時間は労働時間に当たる」。

また、「労働時間の適正な把握のために使用者が講ずべき措置」には、以下の措置が含まれる。

⑴　始業・終業時刻の確認及び記録

使用者は、労働時間を適正に把握するため、労働者の労働日ごとの始業・終業時刻を確認し、これを記録すること。

⑵　始業・終業時刻の確認及び記録の原則的な方法

使用者が始業・終業時刻を確認し、記録する方法としては、原則として次のいずれかの方法によること。

ア　使用者が、自ら現認することにより確認し、適正に記録すること。

イ　タイムカード、ＩＣカード、パソコンの使用時間の記録等の客観的な記録を基礎として確認し、適正に記録すること。

⑶　略（自己申告制により始業・終業時刻の確認及び記録を行う場合の措置）

本件の場合、裁判所がとりわけ重視したのは「パソコンの使用時間の記録」であり、実際にも「原告は、被告（目白大学）に出勤するとまず研究室に向かい本件パソコンにログインの操作をしてカレンダー（略）に時刻を記入して業務を開始し、終業時に本件パソコンにログアウトの操作をして上記カレンダーに時刻を記入していた」。

もっとも、「原告がいう『業務』には研究が相当程度含まれている」という問題がそこにはあった。

「被告は、原告を含む教員に対し、所定労働時間中に自宅で研究に専念したり他大学に出講したりすることが可能な研究日を設定していたと認められ、教員の自主性を尊重しつつ研究を支援していたとみることができるが、そうであるからといって、研究の性質上、被告の明示又は黙示の指揮命令下に置かれていたといえる研究時間とそうではない研究時間があることは否定し難い」。「そのような観点をも踏まえ、本件パソコンのログイン・ログアウトの時刻を基本としつつ、被告の明示又は黙示の指揮命令下に置かれていたと認められるか否かを検討する」。それが、この難問に対する判決の応答であった。

確かに、判決は、所定労働時間中の学外出講許可による他大学への出講事実や雇用契約上の始業時刻である午前九時より遅い時間にログインしている日が少なくないこと等の点から、午後一〇時以降の深夜の時間帯については、被告の「指揮命令下に置かれていたと認めるに足りる証拠はない」とする。また、これと同じ理由から、休日の労働についても「被告が行事等による休日の就労を確認できると認めている日を除き、被告の指揮命令下に置かれていたと認めるに足りる証拠はない」とする。

しかし、授業期間中か授業期間外かの別を問わず、また被告が設定した研究日であれ、被告が行事等による就労を確認できる休日であれ、深夜の時間帯を除き「パソコンのログイン時刻からログアウトの時刻までの時間から休憩一時間を除外して被告の明示又は黙示の指揮命令下に置かれていたと認める」。それが、判決の一貫した姿勢でもあった。

原告がパソコンのログイン・ログアウトの操作により、始業・終業時刻の記録を始めたのは平成二十九年八月一日。原告が契約期間の満了（雇止め）により被告を退職する平成三十一年三月三十一日まで、このような記録作業が一年八か月間続いた。

そこで、よりリアルなイメージを得るために、法定休日である日曜日に入試（面接・判定会、九時五〇分〜一三時三〇分）が行われた平成三十年十一月十八日から始まる一週間について、裁判所の認定した始業・終業時刻や残業時間数等を示すと、以下のようになる（所定労働時間は一日七時間、休憩一時間。網掛け部分は裁判所が認めなかった時間）。

十一月　十八日（日）法定休日（入試）

始業　八時四〇分　終業二一時五四分　　休日労働一二時間一四分

十一月　十九日（月）授業担当日

始業一一時〇五分　終業二一時三〇分　　法内残業一時間／法外残業一時間二五分

十一月　二十日（火）研究日
始業一三時二五分　終業二二時三二分　法内残業三五分
十一月二十一日（水）授業担当日
始業一〇時〇七分　終業二〇時四〇分　法内残業一時間／法外残業一時間三三分
十一月二十二日（木）授業担当日
始業　八時三四分　終業一九時二〇分　法内残業一時間／法外残業一時間四六分
十一月二十三日（金）授業担当日
始業　九時五七分　終業二二時〇七分　法内残業一時間／法外残業三時間〇三分
十一月二十四日（土）研究日
始業一五時三四分　終業二一時五五分　法外残業四時間五六分（週四〇時間超）

これをみてもわかるように、こと労働時間に関する限り、裁判所は原告の主張をほぼ丸呑みしたといって差支えはない。

休日労働の問題は、振替さえきちんとしておけば回避することができた（被告においては、十一月二十三日（勤労感謝の日）も授業の実施を予定した所定休日とされていたが、私立大学の場合、祝日に授業が行われることも珍しくはない。振替の方法としては、労働日でもある研究日（土曜）への振替が最も現実的であるが、実際に振替が行われたかどうかは不明）し、教授研究の業務として裁量労働制を導入していれば、深夜は別として未払残業代を請求されることもなかった。

本件の場合、裁判所の認容した未払残業代の総額（判決のいう「未払割増賃金等合計」）は、二八〇万二〇六五円。さらに、判決は、被告が原告との雇用契約の締結から終了に至るまで「労働時間の管理を一切していなかった」こと、および「相当程度の時間外労働等が存在することを容易に認識し得た」ことを理由に「その不払に何ら理由はなく悪質であるといわざるを得ない」として、二一九万三七二七円の付加金の支払請求まで認めるものとなる。

遅延損害金を除いても、双方の合計額は、約五〇〇万円（四九九万五七九二円）。裁判所のいう「労働時間の管理を怠っていた」ことの、それが代償であった。

だが、文脈を異にするとはいえ、「教員らが、教育、研究及び校務の三種類の業務を行うに当たり、教員らの自主性あるいは裁量に委ねるという観点から、教員らに対する厳密な労働時間の管理［が］行われていない」ことは「そのこと自体直ちに不合理なものとはいえない」とした判例（学校法人関西外国語大学事件＝令和二年一月二十九日大阪地裁判決。二審（令和三年一月二十二日大阪高裁判決）も、これをそのまま引用）もある。このような常識に沿った判断もできたのではないか。筆者にはそう思えてならない。

（令和四年九月十二日）

第一二話　カレント・ケース――大学編（7）

大学教員の雇用と流動性

コピペに走る裁判官は、意外に多い。「大学の教員の雇用については（、）一般に流動性のあることが想定されている」とのフレーズも、その一つに数えられる。

下級審判決だけでも、計五件。これを判決の年月日順に並べると、次のようになる（⑤事件については、第一〇話の引用部分を参照）。

①学校法人尚美学園（尚美学園大学）事件＝平成二十九年三月九日東京高裁判決

②学校法人梅光学院（梅光学院大学）事件＝平成三十一年四月十八日広島高裁判決

③学校法人近畿大学事件＝令和元年十一月二十八日大阪地裁判決

④学校法人羽衣学園（羽衣国際大学）事件＝令和四年一月三十一日大阪地裁判決

⑤学校法人目白学園（目白大学）事件＝令和四年三月二十八日東京地裁判決

また、その源をたどると、ある最高裁判決に行き着く。**⓪学校法人福原学園（九州女子短期大学）事件＝平成二十八年十二月一日第一小法廷判決**がそれである。

事案は、事件ごとに異なる。

例えば、⓪事件の場合、最高裁判所裁判集民事（集民）の判示事項には「私立大学の教員に係る期間一年の有期労働契約が三年の更新限度期間の満了後に期間の定めのないものとなったとはいえないとされた事例」とあるが、上限三年の有期労働契約が試用期間的に運用されていた（被上告人（原告・被控訴人）が講師として勤務していた「A短期大学を含む上告人の運営する三つの大学において、平成十八年度から同二十三年度までの六年間に新規採用された助教以上の契約職員のうち、同年度末時点において三年を超えて勤務していた者は一〇名であり、そのうち八名についての労働契約は三年目の契約期間の満了後に期間の定めのないものとなった」）という事情があった。

判決はいう。「本件労働契約は、期間一年の有期労働契約として締結されたものであるところ、その内容となる本件規程（注：Y学園契約職員規程）には、契約期間の更新限度が三年であり、その満了時に労働契約を期間の定めのないものとすることができるのは、これを希望する契約職員の勤務成績を考慮して上告人が必要であると認めた場合である旨が明確に定められていたのであり、被上告人もこのことを十分に認識した上で本件労働契約を締結したものとみることができる。上記のような本件労働契約の定めに加え、被上告人が大学の教員として上告人に雇用された者であり、大学の教員の雇用については一般に流動性のあることが想定されていることや、上告人の運営する三つの大学において、三年の更新限度期間の満了後に労働契約が期間の定めのないものとならなかった契約職員も複数に上っていた（注：前述のように、一〇名中二名がこれに該当する）ことに照らせば、本件労働契約が期間の定めのないものとなるか否かは、被上告人の勤務成績を考慮して行う上告人の判断に委ねられているものというべきであり、本件労働契約が三年の更新限度期間の満了時に当然に無期労働契約となることを内容とするものであったと解することはできない。そして、［雇止め事案である本件］の事実関係に照らせば、上告人が本件労働契約を期間の定めのないものとする必要性を認めていなかったことは明らかである。

また、有期労働契約の期間の定めのない労働契約への転換について定める労働契約法十八条の要件（注：通算契約期間が五年を超えること）を被上告人が満たしていないことも明らかであり、他に、本件事実関係の下において、本件労働契約が期間の定めのないものとなったと解すべき事情を見いだすことはできない」。

よって、三年の更新限度期間の満了をもって本件労働契約は終了した、というのが判決の結論であった。

右の引用からもわかるように、「大学の教員の雇用については一般に流動性のあることが想定されている」とのフレーズは、「本件労働契約が三年の更新限度期間の満了時に当然に無期労働契約となることを内容とするものであったと解することはできない」との判断を導く根拠の一つを示したものといえるが、当該フレーズ自体の根拠は示されていない。

本件の場合、「大学の教員等の任期に関する法律」（大学教員任期法）については、控訴審（**平成二十六年十二月十二日福岡高裁判決**）において、控訴人（被告・上告人）が、契約更新への期待の合理性を否定する主張のなかで言及するにとどまっていた。

続く**①事件**においては、一審（**平成二十八年五月十日東京地裁判決**）を含め、大学教員任期法に関する言及はまったくなく、②**事件**においても、大学教員の流動性に関する右のフレーズと大学教員任期法との関係は、明確な形では示されていない。

確かに、**③④⑤の三事件**においては、大学教員の流動性に関するフレーズと大学教員任期法との関係が、判決文のなかで明示されている（例えば、**④事件**では「大学教員任期法の目的や立法過程における議論にもみられるように大学の教員の雇用については一般に流動性があることが想定されている」とする。この点につき、**第八話**を併せ参照）。

しかしながら、「大学の教員の雇用については一般に流動性があることが想定されている」との命題を、大学教員任期法が適用される教員にのみ当てはまると考えるのは狭きに失する。

大学教員任期法の適用の有無にかかわらず、右の命題は妥当する。このように考えることが、むしろ現状にはフィットしているということができよう。

なお、**⓪事件**の場合、法廷意見以上に注目を集めたものに、次のように述べる櫻井龍子裁判官の補足意見があった。

「原審の判断を、仮に、判例が積み重ねてきたいわゆる雇止め法理、あるいは労働契約法十九条二号の判断枠組みを借用して判断したものととらえることができるとしても、雇止め法理は、有期労働契約の更新の場合に適用されるものとして形成、確立されてきたものであり、本件のような有期労働契約から無期労働契約への転換の場合を想定して確立されてきたものではないことに原審が十分留意して判断したのか疑問である。

すなわち、原審は無期労働契約に移行するとの被上告人の期待に客観的合理性が認められる旨の判断をしているが、有期労働契約が引き続き更新されるであろうという期待と、無期労働契約に転換するであろうという期待とを同列に論ずることができないことは明らかであり、合理性の判断基準にはおのずから大きな差異があるべきといわなければならない。無期労働契約への転換は、いわば正社員採用の一種という性格を持つものであるから、本件のように有期労働契約が試用期間的に先行している場合にあっても、なお使用者側に一定範囲の裁量が留保されているものと解される。そのことを踏まえて期待の合理性の判断が行われなければならない」。

「有期労働契約が引き続き更新されるであろうという期待と、無期労働契約に転換するであろうという期待とを同列に論ずること［は］できない」。補足意見の要諦は、性格を異にする双方の期待の違いにこのようにして注意を促した点にある（このような違いを強調するものとして、他に⑤**事件**がある）。

とはいうものの、有期労働契約の更新を認めることが、結果的に無期労働契約への転換につながることもある。

例えば、有期労働契約の更新により、通算契約期間が労働契約法十八条に規定する五年または一〇年の特例を超える場合（後者は、令和五年四月一日以降）、契約の更新は、無期転換権の行使に事実上直結するものとなる。

長期間にわたって有期労働契約を更新してきたのだから、更新への合理的期待を認めるべきだとの主張もしばしば耳にする。だが、単なる有期労働契約の更新と、無期転換権の行使を前提とするそれとを同列に論ずることはできない。右にみた補足意見は、こう言い換えることも可能であろう。

（令和四年九月二十六日）

第一三話　カレント・ケース――大学編（8）

更新への合理的期待と更新限度条項

有期労働契約に更新限度期間の定めがある場合、当該限度期間を超える更新への合理的期待は原則として認められない。

この理を確認したものに、**第一二話**でも言及した、**学校法人梅光学院**（**梅光学院大学**）**事件**がある。

本件は、平成二十七年四月一日に被告大学の特任准教授として採用された原告が、平成二十八年三月末日限りで被告法人から雇止めされた事案とかかわるものであったが、一審（**平成三十年三月二十七日山口地裁下関支部判決**）、二審（**平成三十一年四月十八日広島高裁判決**）ともに、判決主文では、原告・控訴人（附帯被控訴人）の雇用契約上の地位確認を認めるものとなる。

つまり、一審判決の主文第一項は、「原告が、被告法人に対し、雇用契約上の権利を有する地位にあることを確認する」と述べ、二審もこの第一項については、これをそのまま踏襲することになった。

とはいえ、地位確認とはいっても、更新への合理的期待がエンドレスに続くことまでは想定されていなかった。

例えば、一審判決は、「被告大学における教員の雇用については、一年間の契約期間終了とともに当然に契約関係を打ち切って後任者に引き継ぐことを前提としたものとはいえず、特段の問題がみられない限りは基本的に更新をすることを前提に運用がなされていたものと評価するのが相当」であり、「原告は被告大学において豊富な業務量をこなし、高い評価を受けていたことを考慮すると、初回の更新時に原告に生じた合理的期待は高度のものであるといえ、二度目の更新についても、その間に上記合理的期待が消滅したといえる特段の事情もないことも踏まえると、原告には契約更新に対する合理的期待があると認めるのが相当である」としつつ、次のように述べる。

「本件雇用契約は、本件募集要綱の最長三年までとの記載を前提に締結されていること、被告大学において三年間経過時点で雇止めとなっている者が相当多数にのぼることを踏まえると、上記時点においても契約更新に対する合理的期待があるとまでは認められない」。

「したがって、原告については、本件雇用契約が平成三十年三月三十一日（略）まで継続すると期待することについては合理的理由があるものと認められるが、その後については、契約更新を期待することにつき合理的理由があるとはいえない」。

一審判決が、主文第二項において、「被告法人は、原告に対し、平成二十八年六月一日から平成三十年三月三十一日まで、毎月二十一日限り、四三万三三〇〇円及びこれに対する各支払日の翌日から支払済みまで年五分の割合による金員を支払え」とした（なお、一審判決は、その前提として「被告法人による本件雇止めは客観的に合理的［な］理由を欠き、社会通念上不合理なものである」としていた）のも、そこに理由があった。

他方、二審判決は、一審判決の主文第二項にある「平成三十年」を「平成三十一年」と変更するものとなる。

曰く。「本件雇用契約書には、同契約書に記載のない事項については、本件就業規則によるとの特記事項が記載されているところ、本件就業規則には本件更新限度条項、すなわち、有期労働契約を更新する場合、最初の契約の開始日から更新後の契約の終了日までの通算した契約期間が五年を超えるときは、これを更新しないとされており、契約期間が五年までは更新し得ることが明記されていた」。

「そして、……本件大学において平成二十三年以降新たに雇い入れられた教員の契約更新について最大三年として運用されていたとは必ずしもいい難いこと、募集要綱は個別的な雇用契約の申込みの意思表示であるとはいえず、その記載内容が本件雇用契約の内容となるものとは認められないことも併せ考慮すると、上記合理的期待が高度のものである本件においては、本件募集要綱の記載を根拠に、三年を超える雇用契約の継続が合理的に期待できる状態ではなかったとはいえない」。

その上で、二審判決は、次のようにいう。

「以上で検討したところによれば、平成三十一年四月の更新の際にも、控訴人の更新についての期待に合理的な理由があると認められる可能性が高く（注：ただし、平成三十一年四月以降の賃金請求については、民事訴訟法百三十五条にいう将来にわたる給付の訴えにおける請求権としての適格性を有さないとして、これを認めなかった）、逆に、平成三十二年四月の更新の際には、就業規則における本件更新限度条項における契約期間の上限である五年を超えることになるから、もはや更新についての期待に合理的な理由があるものと認められない可能性が高い」。

「本件雇用契約書には、同契約中に記載のない事項については本件就業規則によるべきことが明記され、かつ、同契約締結時の本件就業規則には既に本件更新限度条項が存在していたのであるから、このように更新限度条項の存在を前提として当初の有期雇用契約の締結に応じた者については、その限度を超える雇用継続を期待させるような特段の事情が認められない限り、上記限度を超える雇用継続への合理的期待は認められないと解するのが相当である」。

一審と二審の間で、募集要綱と就業規則のいずれを重視するかといった点において相違はあったものの、所定の限度を超える更新への合理的期待を認めないという点では、双方の間に違いはなかった。

なお、二審判決は、次のようにも述べる。

「控訴人は、本件更新限度条項は、使用者との通算契約期間が五年を超えた場合に労働者に無期転換権を与えた労働契約法十八条一項の趣旨に反する脱法行為であって、その効力を認められるべきではない旨主張するが、使用者が五年を超えて労働者を雇用する意図がない場合に、当初から更新限度を定めることを直ちに違法と評価することはできない」。

ここには、更新限度条項に対する裁判所の一般的な考え方が示されている、といっても差支えはない。

第一〇話で判決文を引用した、**学校法人目白学園（目白大学）事件＝令和四年三月二十八日東京地裁判決**もその一例であり、大学の事件ではないが、次のように述べる、**大阪市住宅供給公社事件＝令和三年十月二十八日大阪地裁判決**のような裁判例もある。

「五年を超える有期労働契約の反復更新を行わない旨を定める本件更新限度条項、本件不更新条項は、法令上これを禁じる定めは見当たらないところ、原告との契約締結当初から上記の旨を明示していることや、被告において臨時的任用職員の無期労働契約への転換を阻止することなく容認している事情が認められることに加え、やむを得ない理由による業務の縮小など将来の変化に対応するなどの合理性を有することからすると、労働契約法十八条の脱法行為とはいえず、公序良俗に反して無効であるとはいえない」。

本件の場合、傍線を付した事情があったとはいえ、こうした事情がなければ結論が違っていたと考えるのはやはり早計にすぎる。

確かに、次のように述べる判決（**放送大学学園事件＝令和三年十月二十五日徳島地裁判決**）もなくはない。

「本件上限規定は、少なくとも、［更新上限期間を五年と定めた］本件決定がされた平成二十五年当時、被告との間で長期間にわたり有期労働契約を更新し続けてきた原告との関係では、有期労働契約から無期労働契約への転換の機会を奪うものであって、［労働契約法］十八条の趣旨・目的を潜脱する目的があったと評価されてもやむを得ず、このような本件上限規定を根拠とする本件雇止めに、客観的に合理的な理由があるとは認め難く、社会通念上の相当性を欠くものと認められる」。

だが、更新上限を定める以前から雇用していた職員については、当該上限を定めること自体が即脱法行為となるとの解釈は、あまりにも硬直的であり、同意し難いというのが、現場の率直な感想であろう。

（令和四年十月十日）

第一四話　カレント・ケース――大学編（9）

労働契約法改正と無期転換の回避

平成二十四年の労働契約法（労契法）改正により、複数の有期労働契約の通算契約期間が五年を超えた場合の無期転換ルールが同法十八条として法定をみる（平成二十五年四月一日施行）。このことに伴い、雇用可能年数や更新回数に上限を定める使用者が増えた。

これに先だって、国立大学の多くは、平成十六年の法人化に際し、非常勤職員等の雇用可能年数について既に三年から六年の上限を設定していた。

その目的には、雇止め理由の明示のほか、常勤職員との均衡確保も含まれていた（詳しくは、拙著『法人職員・公務員のための労働法　判例編』（ジアース教育新社、平成三十年）五五―五六頁、二二五―二二八頁を参照）が、労契法（平成十九年制定、二十年三月一日施行）そのものがまだ影も形もない時代。無期転換ルールとの関係は、当然視野には入っていなかった（ただし、平成二十四年の法改正を受けて、上限を五年とするものが多数を占めることになる）。

「無期転換ルールの適用を避けることを目的として、無期転換申込権が発生する前に雇止めをすることは、労働契約法の趣旨に照らして望ましいものではありません。有期労働契約の満了前に、更新年限や更新回数の上限などを一方的に定めたとしても、雇止めをすることは許されない場合もありますので、慎重な対応が必要です」。

なるほど、厚生労働省（厚労省）の『無期転換ルールハンドブック』（一七頁）は、現在「無期転換申込権が発生する前に、社員を雇止めすることはできますか」との問い（Ｑ４）に対して、このように回答している。

だが、判例は、雇止めの目的が無期転換の回避にあるというだけで雇止めを認めないといった乱暴なことは、総じてしてこなかったという事実もある。

例えば、無期転換の回避を目的とする雇止めに関するケースとして知られる、**公益財団法人グリーントラストうつのみや事件＝令和二年六月十日宇都宮地裁判決**は、次のように述べる判決でもあった。

「本件雇止めは、宇都宮市の財政支援団体である被告が労契法十八条所定の期間の定めのない労働契約の締結申込権の発生を回避する目的で行われたものということができる。しかし、労契法十八条所定の『通算契約期間』が経過し、労働者に無期労働契約の締結申込権が発生するまでは、使用者には労働契約を更新しない自由が認められているのであって、上記『通算契約期間』の定めは、使用者のかかる自由まで否定するものではない。そうすると、使用者が上記無期労働契約の締結申込権の発生を回避するため、上記『通算契約期間』内に当該有期労働契約の更新を拒絶したとしても、それ自体は格別不合理な行為ではない」。

本件の場合、平成二十四年十一月一日の採用（平成二十五年四月一日更新）以来、平成三十年三月三十一日までの一年間を契約期間とする本件労働契約〔6〕の締結に至るまで、「原告に対して、被告から労契法十八条（略）との関係で契約更新には限りがある旨の説明がされることはなかった」。

こうしたなか、平成三十年一月十七日、原告が「被告に対し、本件労働契約〔6〕の更新の申込みをしたところ（略）、被告事務次長（略）は、係長とともに原告と面談し、原告に対し、『五年のルール（有期労働契約の期間の定めのない労働契約への転換を定める労契法十八条所定のルールのこと）が同年四月一日から施行されるので、原告については今度更新すると長期雇用となってしまうので、市の人事課から人員を整理するよう指導があった』などとして、本件労働契約〔6〕の雇用期間の満了日である同年三月三十一日をもって雇止めをすることを通知」する。

「これに対し、原告は、何度か、事務局長に対し、［平成三十年］四月以降の契約更新を求めたが、被告は、『グリーントラストは市役所の財政援助団体、規程も宇都宮市役所の規程に準じなくてはなりません。従って、事務局員の任用取扱基準も「宇都宮市役所の非常勤嘱託員任用手引き」の第二章の三項の（一）任用期間：原則一年以内（任用期間は更新を含めて最大三年以内）に沿えなくてはなりません。今まで超えた分は仕方ないので、来年度の契約更新［は］できません』などと回答し、原告の上記要望を拒絶した」。

以上が本件雇止めをめぐる経緯であるが、本件は、厚労省『ハンドブック』の前段引用部分に文字どおり当てはまるケースであったといってよい。〝お役所仕事〟も、ここまでくると救いようがない。裁判官もそう考えたのではなかろうか。

また、右の『ハンドブック』後段引用部分に該当するといえるケースに、**博報堂事件＝令和二年三月十七日福岡地裁判決**がある。

本件においては、労働契約の終了について当事者間に合意があったか否かが主たる争点となった。判決はいう。

「被告は、平成二十五年四月一日付の雇用契約書において、平成三十年三月三十一日以降は契約を更新しないことを明記し、そのことを原告が承知した上で、契約書に署名押印をし、その後も毎年同内容の契約書に署名押印をしていることや、転職支援会社への登録をしていることから、原告が平成三十年三月三十一日をもって雇用契約を終了することについて同意していたのであり、本件労働契約は合意によって終了したと主張する」。

しかしながら、昭和六十三年四月の入社以降、「約三〇年にわたり本件雇用契約を更新してきた原告にとって、被告との有期雇用契約を終了させることは、その生活面のみならず、社会的な立場等にも大きな変化をもたらすものであり、その負担も少なくないものと考えられるから、原告と被告との間で本件雇用契約を終了させる合意を認定するには慎重を期す必要があり、これを肯定するには、原告の明確な意思が認められなければならない」。

「しかるに、不更新条項が記載された雇用契約書への署名押印を拒否することは、原告にとって、本件雇用契約が更新できないことを意味するのであるから、このような条項のある雇用契約書に署名押印をしていたからといって、直ちに、原告が雇用契約を終了させる旨の明確な意思を表明したものとみることは相当ではない」。

「また、平成二十九年五月十七日に転職支援会社……に氏名等の登録をした事実は認められるものの、平成三十年三月三十一日をもって雇止めになるという不安から、やむなく登録をしたとも考えられるところであり、このような事情があるからといって、本件雇用契約を終了させる旨の原告の意思が明らかであったとまでいうことはできない」。

「以上からすれば、本件雇用契約が合意によって終了したものと認めることはできず、平成二十五年の契約書から五年間継続して記載された平成三十年三月三十一日以降は更新しない旨の記載は、雇止めの予告とみるべきであるから、被告は、契約期間満了日である平成三十年三月三十一日に原告を雇止めしたものというべきである」。

判決がこのように述べ、かつ契約更新への合理的期待を認めた背景には、被告における平成二十五年までの更新が「いわば形骸化」していたという認定「事実」があった。

このことが、平成二十五年「時点において、原告の契約更新に対する期待は相当に高いものがあったと認めるのが相当であり（略）、その期待は合理的な理由に裏付けられたものというべきである」（更新への期待は、その後も持続していた）との判断に結びつき、雇止めを無効とする結論に帰着することになる。

ただ、「不更新条項が記載された雇用契約書への署名押印を拒否することは、……雇用契約が更新できないことを意味する」として、署名押印の事実が軽視されるとすれば、それは明らかに行き過ぎといえる。

本件における事実関係（約三〇年にわたる契約の「形骸化」した更新）を離れて、右のようなリーズニングが一般的にも妥当すると考えるのは誤りというべきあろう。

（令和四年十月二十四日）

第一五話　カレント・ケース——大学編（10）

誠実交渉義務とは何か(一)　自己の主張＝回答の根拠を示す使用者の義務

これまでの判例（下級審）や労委命令とはスタンスが違う。**国立大学法人山形大学事件＝令和四年三月十八日最高裁第二小法廷判決**を一読したときの、それが筆者の率直な感想であった。

といっても、筆者が注目したのは、最高裁が次のように述べた部分ではない。「使用者が誠実交渉義務に違反する不当労働行為をした場合には、当該団体交渉に係る事項に関して合意の成立する見込みがないときであっても、労働委員会は、誠実交渉命令を発することができると解するのが相当である」。

当該部分については、裁判所のＨＰに掲載された判決文にも、下線（原文は横書き）が引かれており、この部分に判決の核心があることはいうまでもない。

本件の場合、県労委命令（**平成三十一年一月十五日山形県労委命令**）を取り消した地裁判決（**令和二年五月二十六日山形地裁判決**）も高裁判決（**令和三年三月二十三日仙台高裁**

判決）も、「命令の適法性（裁量権の逸脱）に焦点を当てたものとなっており、大学の対応が労働組合法七条二号の不当労働行為（団交拒否）に当たるか否かの判断は行っていない」（拙著『現場からみた労働法３――コロナ禍の現状をどう読み解くか』（ジアース教育新社、令和四年）一四四頁）。

例えば、最高裁の要約によると、高裁判決は、次のように述べるものであった。「本件命令が発せられた当時、昇給の抑制や賃金の引下げの実施から四年前後経過し、関係職員全員についてこれらを踏まえた法律関係が積み重ねられていたこと等からすると、その時点において、本件各交渉事項（注：①平成二十六年一月一日（注：実際には一年延期）からの五五歳超の教職員の昇給抑制、および②平成二十七年四月一日からの給与制度の見直しによる賃金引下げ）につき被上告人と上告補助参加人とが改めて団体交渉をしても、上告補助参加人にとって有意な合意を成立させることは事実上不可能であったと認められるから、仮に被上告人に本件命令が指摘するような不当労働行為があったとしても、処分行政庁が本件各交渉事項についての更なる団体交渉をすることを命じたことは、その裁量権の範囲を逸脱したものといわざるを得ない」。

このような原審の判断に大きな無理のあることは明白であった（詳しくは、前掲・拙著一四五頁を参照）。

したがって、最高裁が「原判決は破棄を免れない」として、「本件各交渉事項に係る団体交渉における被上告人の対応が誠実交渉義務に違反するものとして不当労働行為に該当するか否か等について更に審理を尽くさせるため、本件を原審に差し戻すこととする」と判示したのは、ごく自然なことであり、不思議でも何でもなかった。

その一方で、最高裁は次のようにも述べる（以下、傍線は筆者による）。

「労働組合法七条二号は、使用者がその雇用する労働者の代表者と団体交渉をすることを正当な理由なく拒むことを不当労働行為として禁止するところ、使用者は、必要に応じてその主張の論拠を説明し、その裏付けとなる資料を提示するなどして、誠実に団体交渉に応ずべき義務（以下『誠実交渉義務』という。）を負い、この義務に違反することは、同号の不当労働行為に該当するものと解される。そして、使用者が誠実交渉義務に違反した場合、労働者は、当該団体交渉に関し、使用者から十分な説明や資料の提示を受けることができず、誠実な交渉を通じた労働条件等の獲得の機会を失い、正常な集団的労使関係秩序が害されることとなるが、その後使用者が誠実に団体交渉に応ずるに至れば、このような侵害状態が除去、是正され得るものといえる。そうすると、使用者が誠実交渉義務に違反している場合に、これに対して誠実に団体交渉に応ずべき旨を命ずることを内容とする救済命令（略）を発することは、一般に、労働委員会の裁量権の行使として、救済命令制度の趣旨、目的に照らして是認される範囲を超え、又は著しく不合理であって濫用にわたるものではないというべきである」。

傍線部にいう「その主張」とは、「使用者の主張」を指し、「その裏付け」とは、こうした「使用者の主張の裏付け」を意味する。だとすれば、誠実交渉義務の理解が、従来の判例や労委命令とは異なる。そんな見方も、十分に可能であった。

例えば、誠実交渉義務の内容を定義したとされる、ある下級審判例（**カール・ツアイス事件＝平成元年九月二十二日東京地裁判決**）は、次のように述べる。

「労働組合法七条二号は、使用者が団体交渉をすることを正当な理由がなくて拒むことを不当労働行為として禁止しているが、使用者が労働者の団体交渉権を尊重して誠意をもって団体交渉に当たったとは認められないような場合も、右規定により団体交渉の拒否として不当労働行為となると解するのが相当である。このように、使用者には、誠実に団体交渉にあたる義務があり、したがって、使用者は、自己の主張を相手方が理解し、納得することを目指して、誠意をもって団体交渉に当たらなければならず、労働組合の要求や主張に対する回答や自己の主張の根拠を具体的に説明したり、必要な資料を提示するなどし、また、結局において労働組合の要求に対し譲歩することができないとしても、その論拠を示して反論するなどの努力をすべき義務があるのであって、合意を求める労働組合の努力に対しては、右のような誠実な対応を通じて合意達成の可能性を模索する義務があるものと解すべきである」。

そして、本件においても、このような判例の考え方に従い、県労委命令は「団体交渉における誠実交渉義務として、使用者は、①団体交渉の時間や回数など交渉機会を十分持ちつつ、自己の主張を労働組合が理解し、納得することを目指して、合意達成の可能性を模索する義務、②労働組合の要求や主張に対する回答や自己の主張の根拠を具体的に説明したり、必要な資料を提示したりするなどの義務、③労働組合の要求に対し譲歩することができないとしても、その論拠を示して反論するなどの努力をすべき義務を、それぞれ負う」としていた。

確かに、使用者が自ら行った主張については、その根拠を具体的に説明したり、必要な資料を提示する責任が使用者にはある。このことをもって、誠実交渉義務というのであれば、これを否定する理由はない。

しかし、使用者が自ら主張していないことについては、その根拠を具体的に説明したり、必要な資料を提示する責任も義務も使用者にはない。

本件の場合、五五歳超の教職員の昇給抑制や賃金引下げについて、団体交渉の申入れを行ったのは使用者側であったが、その根拠は人事院勧告に準拠することにあった。

他方、五五歳超の教職員の昇給抑制を例にとると、県労委の認定した事実にもあるように、「昇給抑制を実施しなかった場合に、大学の財政にどのような影響を与えるのか、将来の財政予測上も大学の財政が耐えられない見通しであるのか、昇給抑制年齢を五五歳よりも遅らせた場合に大学の財政が破綻するおそれがあるのかどうか」などといった点を問題にしたのはむしろ組合側であって、使用者側は大学の財政悪化を昇給抑制実施の理由とはしていない。

仮に「大学の財政が耐えられない」とか、「大学の財政が破綻する」というのが昇給抑制等の理由であれば、必要な資料を提示するなどして、財政上の根拠を具体的に説明する責任と義務が使用者にはある。だが、そのような主張を使用者が行っていない本件のような場合、使用者に資料等の提示義務はない。最高裁判決は、こうした解釈の可能性を示唆したものともいえる（ただし、差戻し後の控訴審判決（**令和五年七月十九日仙台高裁判決**）は、その結論において「被控訴人が本件団体交渉において十分な説明や資料の提示をしたとは認められず、被控訴人には不当労働行為となる誠実交渉義務違反がある」と判示するものとなった）。

なお、「合意の成立する見込みがない」ことを前提とする以上、「合意達成の可能性を模索する義務」として誠実交渉義務を位置づけることは難しい。思うに、最高裁がこの人口に膾炙したフレーズを使用しなかった理由は、この一点にある。

（令和四年十一月十四日）

第一六話　カレント・ケース——大学編（11）

誠実交渉義務とは何か(二)　資金がないと回答した場合の帳簿等提示義務

必要な資金がない。労働組合の賃上げ要求に対して、使用者が団体交渉の場でこのように回答した場合、使用者には組合に帳簿等をみせることによって、資金が本当にないことを説明する義務がある。これを誠実交渉義務（誠実団交応諾義務）という。

例えば、このことに関連して、最近の中労委命令（**古久根鉄工事件＝令和四年五月十一日命令**）は次のようにいう（以下の引用は、令和四年六月七日付けのプレスリリース資料に基づく。以下、傍線は筆者による）。

ア　使用者は、単に労働組合の要求や主張を聴くだけでなく、その主張や要求の程度に応じた回答をし、必要に応じて、その論拠を示したり、必要な資料を提示する義務を負う。

イ　本件各団交において、組合らは、賃上げ及び夏季賞与について具体的な要求を掲げ、内部留保等を賃上げ及び賞与に振り向けることができるかどうかという趣旨の質問をしたことが認められる。会社は、これに対して、資金がない旨を回答したことから、組合らは、その論拠として、会社の経営状況を把握することのできる資料の提示を求めたのであって、会社がこれに応じることは、団体交渉を実のあるものとするために必要であった。

ウ　会社は、会社の賃上げや賞与支給水準は、主に納入数、出来高、従業員の出勤率等の要素を考慮して決定しており、本件各団交ではその根拠となる資料を提示して説明したのであるから、この上、計算書類等を開示して説明をする必要はないと主張する。

しかし、本件では、会社の賃上げや賞与支給水準の決定に会社の経営状況が影響し得ると認められるため、会社が上記イの組合の求めに応じることは、やはり団体交渉を実のあるものとするために必要であったというべきである。しかるに、会社交付の資料では会社の経営状況を把握できないのであって、上記の会社主張を採用することはできない。

エ　以上の事情を総合すると、会社は、誠実団交応諾義務として、組合の質問に対し、会社の経営状況を説明するとともに、その論拠として経営状況を把握することのできる資料を示す義務を負っていたというべきであり、これを果たさない会社の対応は、労組法第七条第二号の不当労働行為に該当する。

本件の場合、会社は賃上げ等に係る組合の要求に対して、「資金がない旨を回答したことから、組合らは、その論拠として、会社の経営状況を把握することのできる資料の提示を求めた」。こうした認定事実が、誠実交渉義務違反＝団交拒否の不当労働行為に関する判断を決定づけたといえる。

他方、**第一五話**で取り上げた、**国立大学法人山形大学事件＝令和四年三月十八日最高裁第二小法廷判決**の場合、五五歳超の教職員の昇給抑制や賃下げについて、団体交渉を申し入れたのは大学側であったが、いずれも人事院勧告への準拠をその根拠とするものであり、「資金がない旨」の主張を大学がしたことはなかった。

これに対して、県労委命令（**平成三十一年一月十五日山形県労委命令**）は、拙著『現場からみた労働法3――コロナ禍の現状をどう読み解くか』（ジアース教育新社、令和四年）一五一頁でも引用したように、人事院勧告への準拠が大学の主張の根拠（中心的な理由）とはなり得ないことを次のように説く。

「本件において大学が準拠を主張する人事院勧告は、国家公務員法第三条第二項に基づく、指揮命令関係のない行政機関から他の行政機関に対して提示される参考意見にすぎず、法的な拘束力はないとされているものであること、及び、その対象は国家公務員に限定されていることからしても、その存在が国立大学法人の教職員の昇給抑制及び賃金引下げの少なくとも中心的な理由とはなり得ないというほかない」。

しかしながら、このような理解は、法人化後一八年を経過した現在も、山形大学をはじめとして、国立大学法人の給与規程に定める基本給表や俸給表の内容が、給与法（一般職の職員の給与に関する法律）に規定する俸給表のそれと、給与法の教育職俸給表㈠に定めのない級・号俸を除き、まったく異ならないものとなっている（行政職俸給表㈠については完全に一致）という現実を無視したものといわざるを得ない。

大学は「法律に関する誤った理解を前提とする主張を繰り返す」にとどまっていた。最高裁判決の要約によれば、それが山形県労委の見立てであったが、国立大学法人は、これまで人事院勧告だけでなく、国家公務員＝一般職の職員に適用される給与法そのものにほぼ完全準拠する形で、給与制度を構築してきた。このことをどう評価するかは別として、国立大学法人の置かれたリアルな現状にもやはり目を向けるべきであろう。

なお、**古久根鉄工事件**の**中労委命令**は、主文第一項において「初審命令主文を次のとおり変更する」として、「会社は、組合が……申し入れた……賃上げ及び夏季賞与に係る団体交渉において、組合に対し、会社の売上げ、利益等の経営状況に関する資料を交付して説明するとともに、その論拠となる資料の提示を求められた際は、貸借対照表及び損益計算書等の必要な項目及びその具体的な金額を把握できる資料を示して、誠実に応じなければならない」と命ずるものであったが、その背景には、救済方法に関する中労委の次のような判断があった。

「組合は、会社は財務諸表の開示義務を負う旨主張するが、本件各団交の経過及び議題に鑑みると、財務諸表の全部の項目及びその金額の提示を命じる必要はなく、また、財務諸表全体の交付を命じる必要もないというべきであって、主文第一項のとおり命ずることで、救済の実を挙げ得ると判断する」。

一方、**山形大学事件**における**山形県労委の命令**は、「昇給抑制の程度(賃金引下げの程度)の合理性について、十分な説明をするためには、当該抑制度（当該引下率）を何通りかに変化させたシミュレーションを行い、それらを比較することによって初めて、過不足のない抑制度（引下率）が判明するはずである」との判断のもと、主文第一項において「被申立人は、申立人との間の下記（省略）に係る団体交渉について、どの程度昇給を抑制し、どの程度賃金を引き下げる必要があるのかに関する適切な財務情報や将来予測資料を提示するなどして、自らの主張に固執することなく、誠実に応じなければならない」と命令する。

仮に中労委に再審査の申立てが行われていれば、主文第一項の内容も、もう少し現実に即したものに変更されていた。その可能性もなくはない。

ちなみに、**山形大学事件**の**最高裁判決**は、次のようにいう。

「労働委員会は、救済命令を発するに当たり、不当労働行為によって発生した侵害状態を除去、是正し、正常な集団的労使関係秩序の迅速な回復、確保を図るという救済命令制度の本来の趣旨、目的に由来する限界を逸脱することは許されないが、その内容の決定について広い裁量権を有するのであり、救済命令の内容の適法性が争われる場合、裁判所は、労働委員会の上記裁量権を尊重し、その行使が上記の趣旨、目的に照らして是認される範囲を超え、又は著しく不合理であって濫用にわたると認められるものでない限り、当該命令を違法とすべきではない（最高裁昭和四十五年（行ツ）第六〇号、第六一号同五十二年二月二十三日大法廷判決・民集三一巻一号九三頁参照）」。

とはいえ、**山形大学事件**の**最高裁判決**がこのようにして参照を指示した**第二鳩タクシー事件＝昭和五十二年二月二十三日大法廷判決**は、――正確には――地裁、高裁および最高裁のすべての審級において、労働委員会が敗訴した（救済命令が労働委員会による裁量権行使の合理的な限度を超えるとして、違法とされた）事件でもあった。

右のような参照の指示では誤解を与える。こうもいうことができよう。

（令和四年十一月二十八日）

第一七話　カレント・ケース——大学編（12）

誠実交渉義務とアメリカ法

——必要な資金がない。労働組合の賃上げ要求に対して、使用者が団体交渉の場でこのように回答した場合、使用者には組合に帳簿等をみせることによって、資金が本当にないことを説明する義務がある。——

第一六話の冒頭に記した、このような誠実交渉義務の理解は、いち早く団交拒否を不当労働行為として禁止したアメリカが発祥の地ともいえる。**一九五六年五月七日の連邦最高裁判決**（NLRB v. Truitt Mfg. Co., 351 U.S. 149）がそれである（以下、英文のイタリックは筆者による）。

本件における争点は、使用者が賃上げに応じる余裕がないと主張し、かつその主張を裏付ける情報の提供を拒否した場合、使用者は誠実に交渉しなかった、と労働委員会が判断することができるかどうかという点にあった（The question presented by this case is whether the National Labor Relations Board may find that an employer has not bargained in good faith *where the employer claims it cannot afford to pay higher wages but refuses requests to produce information substantiating its claim.*）が、こうした本件における状況のもとでは、……使用者は誠実に交渉したとはいえず、労使関係法八条(a)(5)に違反するとした労働委員会の判断は相当である（In the circumstances of this case, ……the National Labor Relations Board was justified in *finding that the employer had not bargained in good faith and, therefore, had violated § 8(a)(5) of the National Labor Relations Act.*）と、最高裁は判示した（以上、判示部分の引用は判決要旨（今日でいうsyllabus）による）。

［労働委員会の救済命令を取り消し、命令に執行力を付与することを拒否した］原判決を破棄する（224 F. 2d 869, reversed）。それが連邦最高裁の結論であったとはいえ、法廷意見が一方で次のように述べていたことも、忘れてはならない。

「しかしながら、賃上げ要求を拒否するため経済力の欠如を使用者が根拠として挙げたケースであれば、常にその裏付けとなる証拠を示すよう、使用者に求める権利が労働者にあるとは、我々は考えない」（*We do not hold, however, that, in every case in which economic inability is raised as an argument against increased wages, it automatically follows that the employees are entitled to substantiating evidence.*）。

ここにいう「経済力の欠如」（economic inability）は、判決のいう「支払能力の欠如」

(inability to pay) と同義と考えてよいが、このことが賃上げ要求を拒む理由とされたというだけでは、ことは決着しない。そのような場合であっても、主張の裏付けとなる証拠を使用者は必ず示さなければならないというわけではない。法廷意見も、一般論としてはこのように考えていたといえる。

確かに、当該事件に固有のいかなる事実を重視するかによって、結論は変わり得る。

例えば、本件の場合、かのフランクファーター裁判官の手になる少数意見（他に二名の裁判官が同調）は、使用者が合意に達することを試みていたことを示す証拠は十分にあるとして、組合による一〇セントの時給引上げ要求に対し、会社も二・五セント引上げの回答を行っていたという事実のほか、「我が社の賃金が競争会社の賃金と比べてどうなのかという問題についてはいつでも」("at any time *the problem of how our wages compare with those of our competition,*") 組合と話し合う用意があることを会社が表明していたという事実を挙げる。

この点についてさらに審理を尽くさせるため、事件を労働委員会に差し戻すというのが少数意見の結論であったが、多数意見（法廷意見）と少数意見が入れ替わっていたとしてもおかしくはない事件であった。

事実、連邦控訴裁判所は、その後、「組合の賃上げ要求を認めれば、競争上不利な立場に使用者は置かれることになる」(the wages demanded by the union would put the employer at *a competitive disadvantage*）と使用者が主張している場合、使用者は、財務情報を組合に提供する義務を原則として負わない、とのスタンスを明確にすることになる（引用は、ConAgra, Inc. v. NLRB, 117 F.3d 1435（D.C.Cir. 1997）による）。

本件の場合、判決は、組合が使用者の主張の正確さ（accuracy）を確認できることの重要性を説く少数意見を伴うものではあったが、少数意見もまた判決の結論にまで異を唱えるものではなかった（同意意見（concurring opinion）にとどまる）。

以上いずれにせよ、アメリカでは、使用者が承認した組合（recognized union）または交渉代表選挙で過半数の票を獲得し、労働委員会の認証を得た組合(certified union)でなければ、団体交渉権を持たず、それゆえ使用者から情報提供を受ける権利もない。

このように、米国とわが国では、そもそも前提条件が大きく異なることにも留意する必要がある。

「トルイット社が組合に財務情報を提供しなかったこと自体が、誠実交渉の拒否に当たる」（Truitt's failure to supply financial information to the union constituted *per se* a refusal to bargain in good faith.）（イタリックは原文にあったもの）。

フランクファーター裁判官は、一九五六年判決の少数意見において、労働委員会はこのような誤った基準（wrong standard）を適用して判断を行ったと批判したが、同様の批判は、わが国の判例や労委命令の多くにも当てはまる。こういって、大過はあるまい。

補　教員の採用選考と情報開示

物事には限度がある。このことを再認識させてくれた事件に、**学校法人早稲田大学事件＝令和四年五月十二日東京地裁判決**がある。

大学が専任教員を公募する場合、大学には公募の応募者に対して「採用選考過程や応募者がどのように評価されたかについて情報を開示し説明をする義務」があるのか。本件における主な争点は、この一点にあった。

原告Aは、本件公募に応募し、書類審査の段階で不合格になった者であるが、判決は、情報開示・説明義務の根拠として、原告Aが挙げる、①労働契約締結過程における信義則上の義務や、②公募による公正な選考手続の特殊性に基づく義務、③職業安定法や個人情報保護法に規定する個人情報の適正管理に関する義務について、これらの義務に係る原告Aの主張をことごとく斥けるものとなる。

その理由は、もとより①〜③のそれぞれについて異なるとはいうものの、判決のベースには「被告は、採用の自由を有しており、どのような者を雇い入れるか、どのような条件でこれを雇用するかについて、法律その他による特別の制限がない限り、原則として自由にこれを決定することができるところ、大学教員の採用選考に係る審査方法や審査内容を後に開示しなければならないとなると、選考過程における自由な議論を委縮させ、被告の採用の自由を損ない、被告の業務の適正な実施に著しい支障を及ぼすおそれがある」との考え方があった。

また、本件は、「原告Ａの加入する原告組合が、被告に対し、本件公募の採用選考過程や原告Ａの評価等に関する情報開示及び説明を団体交渉事項とする団体交渉を申入れ」、被告がこれを拒否したという事件でもあったが、当時、原告Ａは、非常勤講師として被告に雇用されており、被告が「原告Ａの労働組合法上の使用者であったこと」は、裁判所も否定していない。

しかし、判決は、「被告には原告Ａに対する本件情報開示・説明義務が認められないこと」を理由に、「専任教員に係る本件公募の選考過程は、原告Ａと被告との間の労働契約上の労働条件その他の待遇には当たら」ず、義務的団体交渉事項にも該当しないとした。

いずれも、常識に沿った判断が下されたといってよいであろう。

（令和四年十二月十二日）

第一八話　カレント・ケース――大学編（13）

区分可能な出勤停止と停職

判例を通して、就業規則の規定内容を知る。判例ウオッチングの〝余禄〟ともいえるが、そんなチャンスも判決文を最初から読まないと滅多にやってこない。

例えば、**学校法人常磐大学事件＝令和四年九月十五日水戸地裁判決**では、前提事実として記された、次のように定める就業規則（表記内容・方法は、原文とは一部異なる。以下同じ）の解釈・適用が問題となった。

（懲戒の区分）

第七十条　職員に対する懲戒は、次のとおりとする。

⑴　譴責　略　⑵　減給　略

⑶　出勤停止　一ヵ月未満出勤停止し、かつ、その間の給与を支給しない。

⑷　停職　一ヵ月以上一年以内を限度として出勤を停止し、職務に従事させず、その間の給与を支給しない。

⑸　論旨解雇　略　⑹　懲戒解雇　略

第七十三条（出勤停止および停職の基準）　職員が次の各号のいずれかに該当するときは、情状に応じて、出勤停止または停職に処する。

⑶　重大な過失により、本学の信用を損なうような行為をしたとき。

事案は、被告の設置するＩ短期大学の教授として勤務していた原告が、複数の教員や学生に対するハラスメント行為（パワハラ）を理由に被告から停職一年の懲戒処分を受け、被告に対し、同処分が懲戒権の濫用に当たるとして、その無効確認等を求めたというものであったが、判決は、当該処分の無効確認については、原告の請求をそのまま認めるものとなった（ただし、停職期間中の賃金については、通勤手当および賞与に係る請求を認めず、一部認容にとどまる）。

原告の行為は、「本件就業規則七十三条三号の定める懲戒事由に該当するとはいえない」。それが判決の「結論」であった。

とはいえ、「被告において、一年間の停職は、本件就業規則で定められている停職期間の上限であり、懲戒解雇、論旨解雇に次いで重い懲戒処分ということができ、これにより労働者は停職期間である一年間給与の支給を受けられないことになり、解雇に匹敵するような重大な影響を与えることから、そのような重大な懲戒処分が正当化されるには、それに見合うような事由が存在することを要するものと解される」とも判決は述べており、懲戒処分の内容が停職一年でなければ、判決は懲戒処分を無効としなかった可能性もある。

そして、「パワハラが、暴力行為や暴言のように明らかに違法行為に当たる場合であればともかく、本件大学の教員や学生に対する指導等として過剰ないし不相当であるなどの程度に止まるものであれば、それを指導・注意して改善の機会を与えて、それにもかかわらず改善が見られないような場合にはじめて重大な処分に及ぶことが正当化されるというべきである」として、本件の場合、このような改善「指導・注意が十分にされていたということはできない」とした。

その一方で、判決は「従前、原告に対して譴責や減給等のより軽微な懲戒処分やそれに満たない訓告等がされたこともなかったにもかかわらず、突如として一年間の停職という重大な懲戒処分をすることは、原告に対する不意打ちであり、合理性を欠くものと言わざるを得ない」ともいう。

よって「仮に本件就業規則七十三条三号の定める懲戒事由が認められるとしても、本件懲戒処分につき、客観的合理的理由ないし社会的相当性があるとは認められない」と判決が付言していたことにも注目したい。

ただ、本件の場合、就業規則七十三条各号に定める事由は、出勤停止の事由でもあった。七十三条三号もその例外ではなく、原告の行為が同号に定める懲戒事由に該当しないとすれば、厳密には一ヵ月未満の出勤停止さえ本件では認められないという話になる。

筆者が本判決に違和感を覚えたのも、こうした論理的帰結を導きかねない、前述した同判決の「結論」にあった。

ところで、大学関係の就業規則には、本件と同様に、懲戒処分の種類（区分）として、出勤停止と停職を分けて規定したものが実際には少なくないという事実がある。

例えば、**学校法人明治学院事件＝平成三十年六月二十八日東京地裁判決**からは、以下のように定める就業規則が同学院には存在することがわかる。

（懲戒の種類）

第三十二条　教職員の懲戒処分は、次のとおりとする。

(3)　出勤停止　一四日を上限として出勤を停止する。その期間の賃金は支給せず、勤務年数に含めない。

(4)　停職　一八〇日を上限として停職を命ずる。その期間の賃金は支給せず、勤務年数に含めない。

また、**国立大学法人徳島大学事件＝令和二年十一月二十五日高松高裁判決**にも、「原判決三頁一〇行目の『規定がある』を『規定、「懲戒は、懲戒解雇、論旨解雇、停職、出勤停止、減給又は戒告の区分によるものとする。（以下の各項は省略。）」（四十二条）との規定……がある』と改める」と述べるくだりがあり、同大学の職員就業規則四十二条一項は、具体的には次のように規定していた。

⑶　停職　一月以上一年以内を限度として勤務を停止し、職務に従事させず、その間の給与を支給しない。

⑷　出勤停止　一日以上一〇日以内を限度として勤務を停止し、職務に従事させず、その間の給与を支給しない。

そのモデルは、三号および四号で次のように定める、東京大学教職員就業規則三十九条の懲戒規定にあるといってよい。

⑶　出勤停止　一日以上一〇日以内を限度として勤務を停止し、職務に従事させず、その間の給与を支給しない。

⑷　停職　六月以内を限度として勤務を停止し、職務に従事させず、その間の給与を支給しない。

出勤停止と停職をあえて区分する。そんな方法もあったのか。これまで出勤停止か停職のいずれかを、懲戒の種類としては選択するしかないと考えてきた者にとっては、それが正直な感想であったといえるかもしれない。

出勤停止が長期間にわたる場合には、停職として別に規定する。これとは逆に、停職が短期間にとどまるときは、出勤停止として別途規定する。このような方法が現にあることを知るだけでも、十分意味があろう。

補　出勤停止と停職の英訳

"suspension of duty" 国家公務員法に規定する停職は、同法制定当初からこのように訳されてきた（一九四七年十月二十一日付けの英文官報（Official Gazette）に掲載された同法八十三条の訳を参照。なお、占領下に発行された英文官報は、国立国会図書館デジタルコレクションに所蔵されている)。

"suspension of duty"は、"suspension from work" あるいは "suspension from office" などと言い換えてもよいが、いずれにせよ、これでは停職と出勤停止を区別できない、という問題が残る。

停職とよく似た休職については、"temporary retirement"と訳されたとはいうものの、"suspension"という訳語の重複使用を避けることを優先させる無理を押し通したせいか、英訳としてはいささか疑問符の付く、誤解を与えかねないものとなっている。

停職と出勤停止の違いが仮に期間の長短にあるのであれば、前者については "long-term suspension"と訳し、後者については "short-term suspension"と訳すというように、双方をシンプルに分けて英訳する方法もある。こうした発想も、就業規則の具体的な規定内容を知らなければ浮かんでこないといえば、言い過ぎであろうか。

（令和四年十二月二十六日）

第一九話　カレント・ケース――大学編（14）

降格・降任と二重処分問題

判例を読んでいると、なるほどと感心させられる就業規則に出会うことがある。**学校法人梅光学院事件＝平成三十一年四月十八日広島高裁判決**で引用された、次のように定める懲戒規定（表記内容・方法は、原文とは一部異なる）もその一つであった。

（懲戒の種類）

第四十六条　懲戒は、次の六種とし、情状により一種又は二種を適用する。

⑴　減給（説明省略）

⑵　出勤停止（説明省略）

⑶　停職（説明省略）

⑷　降格（説明省略）

⑸　諭旨解雇　本人に訓戒を与え、反省の情が認められるときは退職願を提出するように勧告する。ただし、法人が定める期間内に勧告に従わないときは懲戒解雇とする。

⑹　懲戒解雇　予告期間を設けることなく即時解雇する。

第一八話と同様に、今回もまた懲戒規定は出勤停止と停職を分けて定めるものとなっているが、そこに注目したわけではない。筆者の関心を引いたのは、懲戒規定が複数の懲戒処分を同時に行うことを正面から認めていた点にあった。

⑴～⑷の懲戒処分が⑸・⑹の処分と同時に行われる可能性はなく、給与の全部または一部が支給されないという点で、⑴～⑶の懲戒処分は共通している。

だとすると、その狙いは、⑴～⑶のいずれかと、⑷の懲戒処分を同時に行うことを可能にすることにあると考えてよい。

減給処分は、労働基準法九十一条によって厳しく制限されている（多くの場合、月給の六〇分の一しか減額できない）ことから除くとしても、出勤停止や停職の処分を受けた者の職位をそのままにしておくことはできない。

示しをつけるためにも、せめて一つ下位の職位に降格する必要がある。そう考える使用者は、実際にも少なくない。

このような場合、懲戒処分の種類が免職、停職、減給または戒告の四種類の処分に限られる公務員の世界（国家公務員法八十二条一項および地方公務員法二十九条一項を参照）では、懲戒処分ではなく、分限処分という方法が用いられることになる。

例えば、**新宿郵便局事件＝昭和六十年五月二十日最高裁第二小法廷判決**は、このことに関連し、次のようにいう（引用は、集民（最高裁判所裁判集民事）一四五号二一一頁によるが、改行を行った点を含め、表記は一部改めている）。

国家公務員「法八十二条所定の戒告等の懲戒処分は、公務員関係における秩序を維持するという観点から、職員にその個々の義務違反に対する責任を問うものであるのに対し、［人事院］規則［一一—四（職員の身分保障）］九条（注：現十条）に基づく条件附採用期間中の職員に対する免職処分は、職員の採用にあたり行われる競争試験又は選考の結果だけでは職務を遂行する能力を完全に実証するとはいい難いことから、いつたん採用された職員の中に適格性を欠く者があるときは、これを排除し、もつて職員の採用を能力の実証に基づいて行うという成績主義の原則を実現しようとする観点から、その官職に引き続き任用しておくことが適当でないと認められる職員に対しされるものであつて、前記の二つの処分の性質は本質的に異なるものである」。

よって「条件附採用期間中の職員に義務違反行為があつた場合、処分権者としては、当該職員に対し、法八十二条所定の免職処分以外の懲戒処分をすると同時に、それ以前の勤務実績をも併せ考慮することによりその官職に引き続き任用しておくことが適当でないと認めたときは、規則九条に基づき免職処分をすることもできれば、必要に応じ、右の免職処分を留保してとりあえず懲戒処分をするにとどめ、その勤務実績をも考慮に入れたうえその適格性の有無を判断することもできるというべきである」。

また、**沖縄県教委事件＝平成二十一年三月十一日那覇地裁判決**は、右の最高裁判決を援用しつつ、「上記のような懲戒処分と分限処分の性質の違いにかんがみれば、たとい分限処分を行うに当たって問題とされた行為が懲戒処分の対象とされた行為と同一の行為に限られるとしても、そのことゆえに当該行為について懲戒処分がされた後の分限処分が許されなくなるものと解することはできない」として、「本件分限処分は、一度懲戒をした事実と全く同じ事実をもって行われたものであり、二重処罰（処分）の禁止の法則に反し、違法である」とする原告の主張を否定する。

いずれの事件も、条件附採用期間中の職員に対する分限処分（免職）とかかわるケースであったが、同様の理は、正式採用後の職員に対する分限処分についても妥当する。

確かに、分限処分の代表的事由である「その（官）職に必要な適格性を欠く場合」（国家公務員法七十八条三号、地方公務員法二十八条一項三号）とは、「当該職員の簡単に矯正することのできない持続性を有する素質、能力、性格等に基因してその職務の円滑な遂行に支障があり、または支障を生ずる高度の蓋然性が認められる場合をいう」（**広島県教委（長束小学校長分限降任）事件＝昭和四十八年九月十四日最高裁第二小法廷判決**）と厳格に解されており（人事院規則一一―四の運用通知を併せ参照）、このようにハードルが高いこともあって、免職であれ降任であれ、分限処分自体があまり行われていないという現実はある。

ただ、それはあくまで公務員の世界の話と割り切って考えることもできなくはない。例えば、国家公務員法の適用を受けることのなくなった国立大学法人の就業規則には、次のように規定するものもみられる（以下、大阪大学教職員就業規則から引用）。

（解雇等）

第二十一条　教職員が次の各号のいずれかに該当し、かつ、大学との間で雇用関係を維持しがたい場合には、これを解雇する。ただし、その程度に至らない場合には、これを降任、降格又は降給にとどめることがある。

(1)　勤務成績が不良なとき。

(2)　心身の故障のため職務の遂行に支障があり、又はこれに堪えないとき。

(3)　［休職期間］が満了したにもかかわらず、なお休職事由が消滅していないとき。

(4)　その他職務を遂行するために必要な資格又は適格性を欠くとき。

(5)　経営上又は業務上やむを得ない事由によるとき。

2　以下、略

下位級または下位号俸への変更を意味する降格や降給はともかく、民間企業でいう降格に相当する降任については、処分の法的性質が異なることを理由に、二重処分に当たるとの非難を回避しつつ、停職等の懲戒処分と併せて行う余地を残したい。この法人化当初から存在する規定（一項一号・四号、同項ただし書）には、そんな隠れた意図もあった。

　とはいえ、冒頭に掲げた就業規則のような懲戒規定があれば、出勤停止や停職の処分と降格処分を懲戒処分として同時に行うことも可能になる。このような場合も、二重処分に該当すると解する向きもあるが、まったくの誤解というほかない。

　そもそも二重処罰（処分）の禁止は、「何人も、実行の時に適法であつた行為又は既に無罪とされた行為については、刑事上の責任を問はれない。又、同一の犯罪について、重ねて刑事上の責任を問はれない」と定める憲法三十九条（後段）の規定に由来する。

　他方、「救済命令等の全部又は一部が確定判決によって支持された場合において、その違反があったときは、その行為をした者は、一年以下の禁錮若しくは百万円以下の罰金に処し、又はこれを併科する」と規定した労働組合法二十八条のように、禁錮や懲役（改正法施行後の拘禁刑）と罰金を併科することを認めた法令は数多く存在するものの、これらの法令が憲法に違反するとの主張は聞いたことがない。こういえば、十分であろう。

（令和五年一月九日）

第二〇話　カレント・ケース――大学編（15）

アナリシスよりアナロジー

法令による刑罰の併科が可能である以上、就業規則で二種類の懲戒処分を同時に行う場合があることを定めたとしても、何ら問題はない。**第一九話**で、筆者はこのような趣旨のことを述べた。

非常勤講師は、科技イノベ法（科学技術・イノベーション創出の活性化に関する法律）十五条の二第一項一号にいう「研究者」か、という問題についても、こうしたアナロジー（比較対照）による手法は、考えるヒントを与えてくれる。

科技イノベ法「十五条の二第一項一号の『研究者』というには、研究開発及びこれに関連する業務に従事するため有期労働契約を締結している者であること、すなわち、研究開発法人又は有期労働契約を締結した者が設置する大学等において、研究業務及びこれに関連する業務に従事している者であることを要するというべきである」。

こうした考え方をもとに、非常勤講師が「研究者」であることを否定したのが**第六話**で取り上げた学校法人専修大学事件＝令和三年十二月十六日東京地裁判決であった（一審判決を維持した令和四年七月六日東京高裁判決も、当該部分については、これをそのまま引用する。【後記】なお、令和五年三月二十四日最高裁第二小法廷決定（不受理決定）により、二審判決が確定）が、事件当時、科技イノベ法十五条の二は、次のように規定していた（傍線は筆者による。以下同じ）。

（労働契約法の特例）

第十五条の二　次の各号に掲げる者の当該各号の労働契約に係る労働契約法（略）第十八条第一項の規定の適用については、同項中「五年」とあるのは、「十年」とする。

一　科学技術に関する研究者又は技術者（科学技術に関する試験若しくは研究又は科学技術に関する開発の補助を行う人材を含む。第三号において同じ。）であって研究開発法人又は大学等を設置する者との間で期間の定めのある労働契約（以下この条において「有期労働契約」という。）を締結したもの

二　科学技術に関する試験若しくは研究若しくは科学技術に関する開発又はそれらの成果の普及若しくは実用化に係る企画立案、資金の確保並びに知的財産権の取得及び活用その他の科学技術に関する試験若しくは研究若しくは科学技術に関する開発又はそれらの成果の普及若しくは実用化に係る運営及び管理に係る業務（専門的な知識及び能力を必要とするものに限る。）に従事する者であって研究開発法人又は大学等

を設置する者との間で有期労働契約を締結したもの

三・四　略（共同研究開発等およびその関連業務に専ら従事する者の規定）

2　略（在学中の期間を通算契約期間に算入しない旨の規定）

その後、令和二年の法改正（令和三年四月一日施行）により、同条の規定内容は以下にみるように、かなり簡素化されたとはいうものの、表記法レベルの修正にとどまっており（一号にいう「研究者等」とは「科学技術に関する研究者及び技術者（研究開発の補助を行う人材を含む。）」（二条十一項）をいい、二号にいう「研究開発」とは「科学技術に関する試験若しくは研究又は科学技術に関する開発」（同条一項）を、「研究開発等」とは「研究開発又は研究開発の成果の普及若しくは実用化」（同条二項）をいう）、「研究者」の意義までが変更をみたというわけではない。

（労働契約法の特例）

第十五条の二　柱書き（略）

一　研究者等であって研究開発法人又は大学等を設置する者との間で期間の定めのある労働契約（以下この条において「有期労働契約」という。）を締結したもの

二　研究開発等に係る企画立案、資金の確保並びに知的財産権の取得及び活用その他の研究開発等に係る運営及び管理に係る業務（専門的な知識及び能力を必要とするものに限る。）に従事する者であって研究開発法人又は大学等を設置する者との間で有期

労働契約を締結したもの

三・四　略

2　略

他方、令和四年の「福島復興再生特別措置法の一部を改正する法律」（同年六月十七日施行）により、同法に新設された百八条は、次のように規定する（なお、そこにいう「新産業創出等研究開発」とは「福島における新たな産業の創出及び産業の国際競争力の強化に資する研究開発」（九十条）をいい、「機構」とは「福島国際研究教育機構」（九十二条）をいう）。

（労働契約法の特例）

第百八条　次の各号に掲げる者の当該各号の労働契約に係る労働契約法（略）第十八条第一項の規定の適用については、同項中「五年」とあるのは、「十年」とする。

一　研究者等（新産業創出等研究開発に従事する研究者及び技術者をいう。第三号において同じ。）であって機構との間で期間の定めのある労働契約（以下この条において「有期労働契約」という。）を締結したもの

二　新産業創出等研究開発等（新産業創出等研究開発並びにその環境の整備及び成果の普及をいう。以下この号及び次号並びに第三項において同じ。）に係る企画立案、資金の確保並びに知的財産権の取得及び活用その他の新産業創出等研究開発等に係る運

営及び管理に係る業務（専門的な知識及び能力を必要とするものに限る。）に従事する者であって機構との間で有期労働契約を締結したもの

三・四　略（共同研究開発等およびその関連業務に専ら従事する者の規定）

2　略（在学中の期間を通算契約期間に算入しない旨の規定）

3　略（二項一号および二号に掲げる者について、機構が講ずべき必要な雇用安定措置に関する努力義務規定）

これを一瞥してもわかるように、福島復興再生特別措置法百八条が科技イノベ法十五条の二をそのモデルとしていたことは明らかであったが、双方の間には、福島復興再生特別措置法が「研究者等」を「新産業創出等研究開発に従事する」者に限定するものであったのに対し、科技イノベ法ではそうした限定がなされなかったという違いもあった。

仮に科技イノベ法十五条の二第一項一号にいう「研究者」を「研究開発業務及びこれに関連する業務に従事している者」に限定することが立法者の意思であれば、そのように定めることはきわめて容易であったにもかかわらず、立法者はあえてそうしなかった。

つまり、「研究者」を「研究開発業務及びこれに関連する業務に従事している者」に限定する意思は、科技イノベ法の立法者にはそもそもなかったと考えられる。

かつて、日下公人氏は、その著書『思考力の磨き方』（ＰＨＰ研究所、平成二十四年）のなかで、次のように述べたことがある。

「人間には、『アナリシス』（分析）よりもっとすごい『アナロジー』（類推）力があって、一瞬にして結論に達することができる。アナロジー力は人間が生まれながらにもっている直感能力で、これはロジックを必要としない」（九六―九七頁）。

右の一節は、『アナリシス』より『アナロジー』の時代」と題した同書第三章から引用したものであるが、**第二〇話**のタイトルも、この章題から拝借した。

ただ、以上にみたように、アナロジー的な思考は、ロジックを展開する上でも役に立つ場合が実際には少なくない。

ＡをＢと置き換えて考えるといった発想の転換も、その一つに数えられる。

例えば、公務員の世界における「減俸一割三か月」の懲戒処分は、民間では「出勤停止または停職一〇日」の懲戒処分に相当する、といった置き換えがそれである。

また、私立大学における六五歳以上教員の給与の引下げも、相当数の大学で実施された七〇歳定年の引下げに置き換えると、給与の二割ダウンは、一年の定年引下げに相当するものでしかないことがわかる。

世界が違ってみえてくる。アナロジーにはそんな効用もあるのである。

（令和五年一月二十三日）

第二一話　フューチャー・ロー（1）

労働契約法制の見直し㈠　無期転換ルール

令和四年十二月二十七日、労働政策審議会労働条件分科会（荒木尚志分科会長）は、同審議会の清家篤会長に宛て、「今後の労働契約法制及び労働時間法制の在り方について」と題する報告を行う。

報告は「厚生労働省においては、本報告を踏まえ、所要の措置を講ずることが適当である」とするものであったが、仮に法改正を必要とするものがあったとしても、その数は限られている。

報告はそのタイトルにもあるように、大別して労働契約法制と労働時間法制の二つの領域を対象とする。このうち、**第二一話**では、労働契約法制なかでも「1　無期転換ルールについて」に的を絞って検討を行う。報告はいう（白抜き数字は筆者による）。

(1)　**無期転換ルール**

❶　制度の活用状況を踏まえると、無期転換ルールの導入目的である有期契約労働者

の雇用の安定に一定の効果が見られるものの、制度が適切に活用されるよう必要な取り組みを更に進めることが適当である。

(2) 無期転換を希望する労働者の転換申込機会の確保

❷ 無期転換ルールに関する労使の認知状況を踏まえ、無期転換ルールの趣旨や内容、活用事例について、一層の周知徹底に取り組むことが適当である。

❸ 無期転換申込権が発生する契約更新時に、無期転換申込機会と無期転換後の労働条件について、労働基準法の労働条件明示の明示事項に追加することが適当である。

❹ この場合において、労働基準法の労働条件明示において書面で明示することとされているものは、無期転換後の労働条件明示にあたっても書面事項とすることが適当である。

(3) 無期転換前の雇止め等

❺ 無期転換前の雇止めや無期転換申込みを行ったこと等を理由とする不利益取扱い等について、法令や裁判例に基づく考え方を整理し、周知するとともに、個別紛争解決制度による助言・指導にも活用していくことが適当である。

❻ 紛争の未然防止や解決促進のため、更新上限の有無及びその内容について、労働基準法の労働条件明示事項に追加するとともに、労働基準法第十四条に基づく告示において、最初の契約締結より後に、更新上限を新たに設ける場合又は更新上限を

短縮する場合には、その理由を労働者に事前説明するものとすることが適当である。

(4) クーリング期間

❼ クーリング期間に関して、法の趣旨に照らして望ましいとは言えない事例等について、一層の周知徹底に取り組むことが適当である。

(5) 無期転換後の労働条件

❽ 無期転換後の労働条件について、有期労働契約時と異なる定めを行う場合を含め、法令や裁判例に基づく考え方、留意点等を整理し、周知に取り組むことが適当である。

❾ 無期転換後の労働条件について、労働契約法第三条第二項を踏まえた均衡考慮が求められる旨を周知するとともに、無期転換申込権が発生する契約更新時の無期転換後の労働条件等の明示の際に、当該労働条件を決定するにあたって、労働契約法第三条第二項の趣旨を踏まえて均衡を考慮した事項について、使用者が労働者に対して説明に努めることとすることが適当である。

❿ 正社員への転換をはじめとするキャリアアップの支援に一層取り組むことが適当である。

(6) 有期雇用特別措置法の活用状況

⓫ 有期雇用特別措置法の特例について、特例の存在が十分に認知されていない現状が

あるため、一層の周知徹底に取り組むことが適当である。

合計一一項目。無期転換ルールについては基本的に法改正を必要とするものとはなっていない（❸❹も省令改正で対応可能？）。

大学をはじめとする教育研究機関が対応に苦慮している、いわゆる「一〇年超え」の問題には厚生労働省としてタッチしない。そうした同省のスタンスが伝わってくる。

確かに、⓫にいう有期雇用特別措置法（専門的知識等を有する有期雇用労働者等に関する特別措置法）は、厚生労働省の所管する法律ではある。

また、有期雇用特別措置法は、同法四条一項に規定する第一種特定有期雇用労働者（「専門的知識等を有する有期雇用労働者（注：年収一〇七五万円以上である者に限る）であって、当該専門的知識等を必要とする業務（五年を超える一定の期間内に完了することが予定されているものに限る。以下「特定有期業務」という。）に就くもの」をいう）については、労働契約法十八条一項中の「五年」を原則として「十年」と読み替える、次のような特例を定める法律でもあった。

（労働契約法の特例）

第八条　第一種認定事業主と当該第一種認定事業主が雇用する計画対象第一種特定有期雇用労働者との間の有期労働契約に係る労働契約法第十八条第一項の規定の適用については、同項中「五年」とあるのは、「専門的知識等を有する有期雇用労働者等に関する特別措置法（略）第五条第二項に規定する第一種認定計画に記載された同法第二条第三項第一号に規定する特定有期業務の開始の日から完了の日までの期間（当該期間が十年を超える場合にあっては、十年）」とする。

２　略（定年後継続雇用された労働者を対象とする第二種認定計画に係る特例）

しかし、有期雇用特別措置法が施行された平成二十七年度以降の五年間における第一種認定計画の申請件数はこれを合計してもわずかに二件、認定件数はそのうちの一件にとどまるという現実が一方にはあった（拙著『現場からみた労働法３――コロナ禍の現状をどう読み解くか』（ジアース教育新社、令和四年）一五八頁を参照）。

こうした現状を「特例の存在が十分に認知されていない」として、周知徹底を図ることですまそうとする姿勢はきわめて問題であるが、いずれにせよ、このような状況のもとでは「一〇年超え」の問題といっても、所詮は他人事でしかなかった。

「一〇年超え」の問題が顕在化した「科学技術・イノベーション創出の活性化に関する法律」（十五条の二）や「大学の教員等の任期に関する法律」（七条）も、もともとは厚生労働省の所管する法律ではない。

労働契約法十八条に定める無期転換ルールによる無期転換者の数は、優に一〇〇万人を超える（**第七話**後段「補　一一八万人の無期転換？」を参照）。こう大見得を切った以上、当該ルールに問題があったとは今更いえない。

「一〇年超え」の問題に厚労省が正面から取り組もうとしない理由は、こんなところにもあるのではないか。

他方、❾にあるように、無期転換後の労働条件について「労働契約法第三条第二項を踏まえた均衡考慮が求められる」ことを強調することは、無期転換後の労働条件が原則として「現に締結している有期労働契約の内容である労働条件（契約期間を除く。）と同一の労働条件」となる旨を規定した同法十八条一項の定めと明らかにバッティングする。

さらに、続く❿にあるように、無期転換後は正社員への転換も図れというのでは、行き過ぎにも程がある。多くの使用者にとって、それが正直な感想であろう。

ただ、❻にあるように、更新に上限を定めた上で、当該上限に達した時点において、正社員への転換または雇止めのいずれか（up or out）を選択させる。そのような方向に使用者を誘導することに報告の〝隠された意図〟があるとすれば、まだしも納得はいく。

労働条件の明示事項について、整備拡充を図る。ここに労働契約法制の見直しの焦点はあるといえるが、法令改正とはいっても、❸のように改正後の条文をイメージすることが難しい（厳密を期すと、複雑な規定になってしまう）ものもある。言うは易く行うは難しということであろう。

（令和五年二月十三日）

第二二話　フューチャー・ロー（２）

労働契約法制の見直し㈡　労働条件の明示

労働政策審議会労働条件分科会の報告「今後の労働契約法制及び労働時間法制の在り方について」は、**第二一話**で取り上げた「無期転換ルール」の問題に加え、「労働契約関係の明確化」や「労使コミュニケーション」をめぐる論点についても、次のように述べる（**第二一話**から連番で続く、白抜き数字は筆者による）。

２　労働契約関係の明確化について

⓬　多様な正社員に限らず労働者全般について、労働基準法の労働条件明示事項に就業場所・業務の変更の範囲を追加することが適当である。

⓭　労働契約法第四条の趣旨を踏まえて、多様な正社員に限らず労働者全般について、労働契約の内容の変更のタイミングで、労働契約締結時に書面で明示することとされている事項については、変更の内容をできる限り書面等により明示するよう促していくことが適当である。

⑭　労働基準法の労働条件明示のタイミングに、労働条件の変更時を追加することを引き続き検討することが適当である。

⑮　紛争の未然防止のため、多様な正社員等の労働契約関係の明確化に関する裁判例等を幅広く整理して明らかにし、周知徹底に取り組むことが適当である。

⑯　就業規則を備え付けている場所等を労働者に示すこと等、就業規則を必要なときに容易に確認できるようにする必要があることを明らかにすることが適当である。また、就業規則の更なる周知の在り方について、引き続き検討することが適当である。

⑰　短時間正社員については、処遇について、正社員としての実態を伴っていない場合には、パート・有期労働法の適用があり、均衡・均等待遇が求められることや、同法が適用されないそれ以外の多様な正社員においても、労働契約法第三条第二項による配慮が求められることを周知することが適当である。

３　労使コミュニケーションについて

⑱　労使コミュニケーションに当たっての留意点や、適切に労使コミュニケーションを図りながら、無期転換や多様な正社員等について制度の設計や運用を行った各企業の取組事例を把握して周知することが適当である。

⑲　過半数代表者の適正な運用の確保や多様な労働者全体の意見を反映した労使コミュニケーションの更なる促進を図る方策について引き続き検討を行うことが適当で

ある。

労働基準法（労基法）の労働条件明示事項の整備拡充を図る。**第二一話**でも指摘したように、労働契約法制見直しのポイントはここにあるが、現在次のように規定している労基法十五条および同法施行規則五条をどのように改正するかが問題となる。

（労働条件の明示）

第十五条　使用者は、労働契約の締結に際し、労働者に対して賃金、労働時間その他の労働条件を明示しなければならない。この場合において、賃金及び労働時間に関する事項その他の厚生労働省令で定める事項については、厚生労働省令で定める方法により明示しなければならない。

②　略（明示された労働条件が事実と相違する場合の解除権）

③　略（解除権を行使した場合の帰郷旅費）

［労働条件］

第五条　使用者が法第十五条第一項前段の規定により労働者に対して明示しなければならない労働条件は、次に掲げるものとする。ただし、第一号の二に掲げる事項については期間の定めのある労働契約であつて当該労働契約の期間の満了後に当該労働契約を更新する場合があるものの締結の場合に限り、第四号の二から第十一号までに掲げる事項についての使用者がこれらに関する定めをしない場合においては、この限りでない。

一　労働契約の期間に関する事項
一の二　期間の定めのある労働契約を更新する場合の基準に関する事項
一の三　就業の場所及び従事すべき業務に関する事項
二　略（労働時間に関する事項）
三　略（賃金に関する事項）
四　退職に関する事項（略）
四の二〜十一　略

②　略（事実と異なる労働条件明示の禁止）
③　法第十五条第一項後段の厚生労働省令で定める事項は、第一項第一号から第四号までに掲げる事項（略）とする。
④　略（法十五条一項後段の厚生労働省令で定める方法＝書面の交付等）

労基法十五条一項の「労働契約の締結に際し」は、⓮が示すように、いずれ「労働契約の締結又は労働条件の変更に際し」などと改められる可能性はある。

しかし、❸にいう「無期転換申込機会と無期転換後の労働条件」については、その明示が「無期転換権が発生する契約更新時」に必要になるとしても、そもそも無期転換の申込みが「期間の定めのない労働契約の締結の申込み」（労働契約法十八条一項）を意味すると解される以上、労基法十五条一項の改正までは必要としない（「労働契約の締結に際し」でカバーできる）とも考えられる。

だとすれば、❸、❻および⓬にいう明示事項（更新上限の有無とその内容、就業の場所・業務の変更の範囲）の追加を実現するためには、差し当たり、労基法施行規則五条一項を次のように改めれば足りる（傍線部が改正箇所）。こうもいうことができよう。

〔労働条件〕

第五条　使用者が法第十五条第一項前段の規定により労働者に対して明示しなければならない労働条件は、次に掲げるものとする。ただし、第一号の二に掲げる事項については期間の定めのある労働契約であつて当該労働契約の期間の満了後に当該労働契約を更新する場合があるものの締結の場合に、第一号の三に掲げる事項については期間の定めのある労働契約の期間の定めのない労働契約への転換（以下この項において「無期転換」という。）申込権が発生する労働契約の更新時にそれぞれ限り、第四号の二から第十一号までに掲げる事項（無期転換後の労働条件を含む。）については使用者がこれらに関する定めをしない場合においては、この限りでない。

一　労働契約の期間に関する事項

一の二　期間の定めのある労働契約を更新する場合の基準（更新上限の有無及びその内容を含む。）に関する事項

一の三　無期転換の申込機会及び無期転換後の労働条件（次号から第四号までの規定に

該当する場合に限る。）に関する事項

一の四　就業の場所及び従事すべき業務並びにその変更の範囲に関する事項

二　略（労働時間に関する事項）

三　略（賃金に関する事項）

四　退職に関する事項（略）

四の二～十一　略

ただ、無期転換の申込権は労働契約法十八条の規定によって法律上生じる場合と、就業規則等の定めに基づき契約上生じる場合とがあり（後者の場合、通算契約期間が三年を超えた者に無期転換の申込機会を与え、選考により無期転換を認める者を決定するといったことも可能になる）、右のような規定では両者を区別できないという問題もある。

とはいうものの、無期転換の申込権が法律上生じる場合に対象を限定すると、規定内容がいたずらに細かくなり（労働契約法十八条の規定にも言及せざるを得ない）、条文としては複雑にすぎるものになってしまう。

改正労基法施行規則は、令和六年四月一日施行というが、実際の条文がどうなるのか、気になるところといえよう。

（令和五年二月二十七日）

第二三話　フューチャー・ロー（3）

労働時間法制（裁量労働制）の見直し㈠

裁量労働制の見直しを行う。労働時間法制における見直しの焦点はここにある。

ただ、労働政策審議会労働条件分科会の報告「今後の労働契約法制及び労働時間法制の在り方について」の「1　裁量労働制について」と題する部分は、それだけで二四項目を数える。

そこで、**第二三話**では、前半の一〇項目に限定して検討を行うこととしたい。

労働条件分科会報告は、具体的には次のようにいう（〇付き数字は筆者による）。

(1)　**対象業務**

①　企画業務型裁量労働制（以下「企画型」という。）や専門業務型裁量労働制（以下「専門型」という。）の現行の対象業務の明確化を行うことが適当である。

②　銀行又は証券会社において、顧客に対し、合併、買収等に関する考案及び助言をする業務について専門型の対象とすることが適当である。

⑵ 労働者が理解・納得した上での制度の適用と裁量の確保

（対象労働者の要件）

③ 専門型について、対象労働者の属性について、労使で十分協議・決定することが望ましいことを明らかにすることが適当である。

④ 対象労働者を定めるに当たっての適切な協議を促すため、使用者が当該事業場における労働者の賃金水準を労使協議の当事者に提示することが望ましいことを示すことが適当である。

⑤ 対象労働者に適用される賃金・評価制度を変更しようとする場合に、使用者が労使委員会に変更内容について説明を行うこととすることが適当である。

（本人同意・同意の撤回）

⑥ 専門型について、本人同意を得ることや同意をしなかった場合に不利益取扱いをしないこととすることが適当である。

⑦ 本人同意を得る際に、使用者が労働者に対し制度概要等について説明することが適当であること等を示すことが適当である。

⑧ 同意の撤回の手続を定めることとすることが適当である。また、同意を撤回した場合に不利益取扱いをしてはならないことを示すことや、撤回後の配置や処遇等についてあらかじめ定めることが望ましいことを示すことが適当である。

（業務量のコントロール等を通じた裁量の確保）

⑨　裁量労働制は、始業・終業時刻その他の時間配分の決定を労働者に委ねる制度であることを示すことが適当である。

⑩　労働者から時間配分の決定等に関する裁量が失われた場合には、労働時間のみなしの効果は生じないものであることに留意することを示すことが適当である。

専門型については、②にあるように、裁量労働制の対象業務の拡大を図る。このことは「労働基準法施行規則第二十四条の二の二第二項第六号の規定に基づき厚生労働大臣の指定する業務」（平成九年労働省告示第七号）に「銀行又は証券会社において、顧客に対し、合併、買収等に関する考案及び助言をする業務」を追加する（現在の一九業務が二〇業務に増える）ことを意味しているが、対象業務の内容からみても、きわめて限定された範囲の拡大にとどまるといってよい。

確かに、厚生労働省「就労条件総合調査」（各年一月一日現在）によれば、みなし労働時間制の採用企業も、適用労働者数も長期的には増加傾向にある。

とはいえ、それはもっぱら事業場外労働に関するみなし労働時間制の増加によるものであって、裁量労働制の動向とは関係がない。

すなわち、これを平成十四年から令和四年までの二〇年間における変化についてみると、次のようになる。

【採用企業割合】	平成十四年	令和四年	【適用労働者割合】平成十四年	令和四年
みなし労働時間制	八・四％	一四・一％	四・二％	七・九％
事業場外労働	七・〇％	一二・三％	三・五％	六・五％
専門型裁量労働制	一・二％	二・二％	〇・六％	一・二％
企画型裁量労働制	〇・九％	〇・六％	〇・一％	〇・二％

みなし労働時間制の年ごとにみた推移は、事業場外労働とほぼリンクしたもの（ピークはともに平成三十年。例えば、採用企業割合は、みなし労働時間制が一五・九％、事業場外労働が一四・三％）となっているが、裁量労働制については、そのような相関がみられない（採用企業割合のピークは、専門型が平成十七年の三・四％、企画型が平成十九年の一・一％と分かれる）。コンマ以下の変化は、誤差の範囲ともいえる。

これに対して、『労働基準監督年報』によると、裁量労働制に係る労使協定や労使委員会決議の届出件数は、以下にみるように、平成十二年から令和二年までの二〇年間に著しい伸びを示すものとなっている。

【届出件数】	平成十二年	令和二年
専門型協定	一五六二件	九一五三件
企画型決議	一〇三件	一七四五件

専門型労使協定の届出件数は平成三十年の一万〇三四六件を、企画型労使委員会決議は

平成二十八年の三〇九四件をピークとして、以後減少傾向にあるとはいえ、そこから得られるイメージは「就労条件総合調査」のそれとはあまりにも違う。協定や決議の届出件数だけでは正確な全体像が得られない、ということかもしれない。

なお、専門型裁量労働制の対象業務が主に省令（現在は労働基準法施行規則二十四条の二の二第二項）に定める五業務によって占められているという状況は今も変わっていない（なかでも、研究開発（一号）およびＳＥ（二号）のシェアは依然として大きく、それぞれ専門型採用企業の三割および四割を占める。令和三年「就労条件総合調査」を参照）。

対象業務を少し追加しただけでは、現状は何も変わらない。ときには、そうした冷めた見方も必要といえよう。

他方、実務に対する影響という点で、特に注目すべき項目に専門型裁量労働制における本人同意の要件化（⑥～⑧）がある。

「使用者は、……労働者を対象業務に就かせたときは［決議に定める］時間労働したものとみなすことについて当該労働者の同意を得なければならないこと及び当該同意をしなかつた当該労働者に対して解雇その他不利益な取扱いをしてはならないこと」。

企画型については、このことが労使委員会決議に定めるべき事項として既に規定されている（労働基準法三十八条の四第一項六号）が、専門型についてもこれと同様の規定を設ける（三十八条の三第一項の改正）。⑥の趣旨はこういうことであろう（**【後記】**とはいえ、実際には労働基準法施行規則の改正にとどまった。詳しくは、**第二四話**を参照）。

ただ、そもそも「業務の性質上その遂行の方法を大幅に当該業務に従事する労働者の裁量にゆだねる必要があるため、当該業務の遂行の手段及び時間配分の決定等に関し使用者が具体的な指示をすることが困難」（三十八条の三第一項一号）とされる対象業務について、「対象業務の遂行の手段及び時間配分の決定等に関し、当該対象業務に従事する労働者に対し使用者が具体的な指示をしないこと」を労使協定で定める（三号）。そうした専門型の裁量労働制について、この上なぜ本人同意が必要なのか。それが筆者にはわからない。

⑩にあるように、「労働者から時間配分の決定等に関する裁量が失われた場合には、労働時間のみなしの効果は生じない」。だとすれば、それで十分ではないか。

大学教員（教授研究の業務）の場合、同意を拒否または撤回した者に対して、就業規則に定める始業・終業時刻の遵守（九時～五時（from nine to five）の勤務）を命じることができるのかといった問題もある（そのような命令自体が、⑥や⑧にいう「不利益取扱い」に当たるとして提訴される可能性もないではない）。

こうした現状のもとでは、本人同意を要件として課すことには到底「同意」できないというべきであろう。

（令和五年三月十三日）

第二四話　フューチャー・ロー（4）

労働時間法制（裁量労働制）の見直し㈡

労働政策審議会の労働条件分科会報告「今後の労働契約法制及び労働時間法制の在り方について」は、**第二三話**で引用した部分に続いて、次のように述べる（**第二三話**から連続する、〇付き数字は筆者による）。

⑶　労働者の健康と処遇の確保

（健康・福祉確保措置）

⑪　健康・福祉確保措置の追加（勤務間インターバルの確保、深夜業の回数制限、労働時間の上限措置（一定の労働時間を超えた場合の適用解除）、医師の面接指導）等を行うことが適当である。

⑫　健康・福祉確保措置の内容を「事業場における制度的な措置」と「個々の対象労働者に対する措置」に分類した上で、それぞれから一つずつ以上を実施することが望ましいことを示すことが適当である。

⑬　「労働時間の状況」の概念及びその把握方法が労働安全衛生法と同一のものであることを示すことが適当である。

（みなし労働時間の設定と処遇の確保）

⑭　みなし労働時間の設定に当たっては対象業務の内容、賃金・評価制度を考慮して適切な水準とする必要があることや対象労働者に適用される賃金・評価制度において相応の処遇を確保する必要があることを示すこと等が適当である。

(4)　労使コミュニケーションの促進等を通じた適正な制度運用の確保（労使委員会の導入促進と労使協議の実効性向上）

⑮　決議に先立って、使用者が労使委員会に対象労働者に適用される賃金・評価制度の内容について説明することとすることが適当である。

⑯　労使委員会が制度の実施状況の把握及び運用の改善等を行うこととすること等が適当である。

⑰　労使委員会の委員が制度の実施状況に関する情報を十分に把握するため、賃金・評価制度の運用状況の開示を行うことが望ましいことを示すことが適当である。

⑱　労使委員会の開催頻度を六か月以内ごとに一回とするとともに、労働者側委員の選出手続の適正化を図ることとすること等が適当である。

⑲　専門型についても労使委員会を活用することが望ましいことを明らかにすること

が適当である。

（苦情処理措置）

⑳　本人同意の事前説明時に苦情の申出方法等を対象労働者に伝えることが望ましいことを示すことが適当である。

㉑　労使委員会が苦情の内容を確実に把握できるようにすることや、苦情に至らないような運用上の問題点についても幅広く相談できる体制を整備することが望ましいことを示すことが適当である。

（行政の関与・記録の保存等）

㉒　六か月以内ごとに行うこととされている企画型の定期報告の頻度を初回は六か月以内に一回及びその後一年以内ごとに一回とすることが適当である。

㉓　健康・福祉確保措置の実施状況等に関する書類を労働者ごとに作成し、保存することとすることが適当である。

㉔　労使協定及び労使委員会決議の本社一括届出を可能とすることが適当である。

ところで、今回の労働条件分科会「報告」を受けて実施されたパブリック・コメントに、『労働基準法施行規則及び労働時間等の設定の改善に関する特別措置法施行規則の一部を改正する省令案』及び『労働基準法第三十八条の四第一項の規定により同項第一号の業務に従事する労働者の適正な労働条件の確保を図るための指針及び労働基準法施行規則

第二十四条の二の二第二項第六号の規定に基づき厚生労働大臣の指定する業務の一部を改正する告示案』に関する意見募集がある。

不覚にも、筆者がパブリック・コメントの存在を知ったのはコメント提出期限（二月十一日）の直前であったが、改正省令・告示の公布日が施行日（令和六年四月一日）の一年以上前、つまり令和五年三月上旬を予定するものとなるとは想像だにしなかった。

省令案や告示案について意見募集が行われたことからもわかるように、今回の労働契約法制および労働時間法制の見直しは法改正を前提としたものではない（パブリック・コメントには、このことを明確にしたという意味もある）。仮に法改正を伴うものであれば、法改正がまず先行し、省令や告示の改正がそれ以前に行われることはないからである。

裁量労働制についていえば、省令・告示案で明らかにされた改正内容と「報告」に示された二四項目との関係は、次のようになる。

Ａ　省令と告示双方の改正を伴うもの……⑤、⑧、⑮、⑯、⑱（⑧と⑱は、省令と告示で改正内容が分かれる）

Ｂ　省令改正によるもの……⑥、㉒、㉓

Ｃ　告示改正によるもの……②、④、⑦、⑨、⑩、⑪、⑫、⑬、⑭、⑰、⑳、㉑（②のみ、告示の種類が異なる）

Ｄ　省令と告示いずれの改正も伴わないもの……①、③、⑲、㉔

このうち、専門業務型裁量労働制に関する改正は、協定事項に「本人同意を得ることや同意をしなかった場合に不利益取扱いをしないこと」、「同意の撤回の手続を定めること」および「健康・福祉確保措置の実施状況等に関する書類を労働者ごとに作成し、保存すること」を加えること（⑥、⑧の前段および㉓、いずれも省令改正による。ただし、㉓については、省令案でもその方法が明示されていない）、並びに対象業務に「銀行又は証券会社において、顧客に対し、合併、買収等に関する考案及び助言をする業務」を追加すること（②、告示改正による）の四点にとどまる。

他方、告示改正の大半は、企画業務型裁量労働制とのみかかわる指針の改正によるものであって、そのため専門業務型裁量労働制を対象としたものとはなっていない。

指針策定の根拠は労働基準法三十八条の四第三項にあり、そこでは「厚生労働大臣は、［企画業務型裁量労働制の］対象業務に従事する労働者の適正な労働条件の確保を図るために、……第一項各号に掲げる事項その他同項の委員会が決議する事項について指針を定め、これを公表するものとする」と規定されている。

ただ、早晩、労働基準法が改正され、専門業務型裁量労働制について定める同法三十八条の三にも同様の規定が設けられ、企画業務型に倣った指針が新たに策定される。常識的には、こう考えるべきであろう。

なお、「同意を撤回した場合に不利益取扱いをしてはならないことを示すことや、撤回後の配置や処遇等についてあらかじめ定めることが望ましいことを示すこと」（⑧の後段）は、告示＝指針の改正によってこれを行うものとされている（傍線は筆者による。以下同じ）。

現行指針（第三の6の⑵）は、企画業務型裁量労働制の適用を受けることに労働者が「同意しなかった場合の配置及び処遇について、使用者が労働者に対し明示して当該労働者の同意を得ることとすることを決議で定めること」および当該「配置及び処遇は、同意をしなかった労働者をそのことを理由として不利益に取り扱うものであってはならないものであること」に留意することが必要である旨を既に規定しているが、上記の指針改正はその延長にあるといってよい。

だが、企画業務型裁量労働制の場合には、現実には裁量労働制の適用を受けない業務への配置転換を意味する「配置」を行うことも選択肢として考えられるが、業務を特定して雇用されることの多い専門業務型の場合には、それが難しいという問題もある。

同じ業務に従事していながら、時間管理や賃金・評価制度が異なる。そうした無理を避けるためには、配置転換が必要になる。

にもかかわらず、大学教員（教授研究の業務）の場合、配置転換というチョイスは事実上存在しない。本人同意を一律に要件として課すのではなく、例外を認める。少なくともそうした配慮は必要といえよう。

（令和五年三月二十七日）

第二五話　フューチャー・ロー（5）

労働基準法施行規則の改正㈠　無期転換ルール等

公布が予定より遅れる。令和五年三月三十日に、同年の厚生労働省令第三十九号として公布された「労働基準法施行規則及び労働時間等の設定の改善に関する特別措置法施行規則の一部を改正する省令」も、そうした法令の一つに数えられる（この省令が三月上旬の公布を予定していたことについては、**第二四話**を参照）。

官報の頁数にして、計一一頁。うち「労働基準法施行規則の一部改正」について定めた第一条が一〇頁と、大半を占める。

労働基準法施行規則（労基法施行規則）の改正についていうと、その眼目は、以前にも指摘したように（**第二一話〜第二四話**を参照）、⑴労働条件明示事項の整備拡充と、⑵専門業務型裁量労働制における本人同意の要件化＝協定事項化の二点にあった。

まず、⑴に関しては、無期転換に関する規定も、労基法施行規則五条一項に置かれるのではないかと、筆者は考えていた（**第二二話**を参照）。

という方法が採られた。

しかし、実際には、以下にみるように五項および六項を労基法施行規則五条に追加する

⑤　その契約期間内に労働者が労働契約法第十八条第一項の適用を受ける期間の定めのない労働契約の締結の申込み（以下「労働契約法第十八条第一項の無期転換申込み」という。）をすることができることとなる有期労働契約の締結の場合においては、使用者が法第十五条第一項前段の規定により労働者に対して明示しなければならない労働条件は、第一項に規定するもののほか、労働契約法第十八条第一項の無期転換申込みに関する事項並びに当該申込みに係る期間の定めのない労働契約の内容である労働条件のうち第一項第一号及び第一号の三から第十一号までに掲げる事項とする。ただし、当該申込みに係る期間の定めのない労働契約の内容である労働条件のうち同項第四号の二から第十一号までに掲げる事項については、使用者がこれらに関する定めをしない場合においては、この限りでない。

⑥　その契約期間内に労働者が労働契約法第十八条第一項の無期転換申込みをすることができることとなる有期労働契約の締結の場合においては、法第十五条第一項後段の厚生労働省令で定める事項（注：書面交付が必要となる事項）は、第三項に規定するもののほか、労働契約法第十八条第一項の無期転換申込みに関する事項並びに当該申込みに係る期間の定めのない労働契約の内容である労働条件のうち第一項第一号及び第一号

の三から第四号までに掲げる事項（昇給に関する事項を除く。）とする。

他方、無期転換以外の明示事項の整備拡充については、一項の柱書にある「期間の定めのある労働契約」の後に「（以下この条において「有期労働契約」という。）」が挿入されるとともに、一号の二および一号の三が、次のように改められることになる（傍線部が改正箇所）。

一の二　有期労働契約を更新する場合の基準に関する事項（通算契約期間（労働契約法（略）第十八条第一項に規定する通算契約期間をいう。）又は有期労働契約の更新回数に上限の定めがある場合には当該上限を含む。）

一の三　就業の場所及び従事すべき業務に関する事項（就業の場所及び従事すべき業務の変更の範囲を含む。）

以上にみた改正の結果、無期転換に関しても労働契約法十八条一項に基づくものに限られることが明確になり、かつ全体としてみれば、あまり違和感のない規定ができあがる。法制執務のプロの手にかかれば、規定改正もこのようになる。その見本というべきものがここにはある。

なお、労基法施行規則の改正と同時に行われた「有期労働契約の締結、更新及び雇止めに関する基準」の改正（厚生労働省告示第百十四号）では、次のような規定が「基準」に追加されることになった。

（無期転換後の労働条件に関する説明）

第五条　使用者は、労働基準法（略）第十五条第一項の規定により、労働者に対して労働基準法施行規則（略）第五条第五項に規定する事項を明示する場合においては、当該事項（同条第一項各号に掲げるものを除く。）に関する定めをするに当たって労働契約法第三条第二項の規定の趣旨を踏まえて就業の実態に応じて均衡を考慮した事項について、当該労働者に説明するよう努めなければならない。

本条は、使用者の努力義務を定めたものにすぎず、そもそも「基準」に違反したとしても労基法違反になるわけではない。とはいえ、今後「労働契約は、労働者及び使用者が、就業の実態に応じて、均衡を考慮しつつ締結し、又は変更すべきものとする」と規定した労働契約法三条二項を根拠に、行政官庁の指導・助言（労基法十四条三項）が強化されることは避けられない。その当否は別として、こう考えて間違いはあるまい。

では、⑵に関してはどうか。厚生労働省令で定める専門業務型裁量労働制の協定事項について規定した労基法施行規則二十四条の二の二の改正がそれに当たり、同条三項に、次のように定める一号および二号が追加された（現行の一・二号は、三・四号に繰り下げ）ほか、協定事項である記録保存の対象に「第一号の同意及びその撤回」（四号ハ）が加えられることになる。

一　使用者は、法第三十八条の三第一項の規定により労働者を同項第一号に掲げる業務に就かせたときは同項第二号に掲げる時間労働したものとみなすことについて当該労働者の同意を得なければならないこと及び当該同意をしなかった当該労働者に対して解雇その他不利益な取扱いをしてはならないこと。

二　前号の同意の撤回に関する手続

これを一瞥した限りでは、専門業務型の協定事項を企画業務型の決議事項（改正後のもの）に合わせただけのようにもみえるが、双方の間には大きな相違点もある。

つまり、企画業務型の場合には、本人同意（同意しなかったことを理由とする不利益取扱いの禁止を含む）が、法律により決議事項とされた（労基法三十八条の四第一項六号）のに対して、専門業務型の場合には、これが法律ではなく、省令により協定事項とされたという違いがそれである。

裁量労働制について、本人同意を要件として課すかどうか。この重大問題が企画業務型の場合には、国会の承認を得て、本人同意を要件として法律に定めることで決着をみた。しかるに、専門業務型の場合には、労働政策審議会の「おおむね妥当」との答申があったとはいえ、国会の関与も承認もなく、同旨の規定が省令に設けられる。

労基法三十八条の三第一項によれば、専門業務型裁量労働制の場合、労働時間のみなしが認められるのは、労使協定で「次に掲げる事項を定めた場合」に限られる。

当該事項には、同項一号から五号に掲げる事項に加え、六号に規定する「厚生労働省令で定める事項」も含まれることから、労基法施行規則二十四条の二の二第三項一号に規定する本人同意も、これに該当する（同意に関する定めを欠く協定では、労働時間のみなし効果が生じない）ことになる。

法文上、仮にこのような解釈しかできないとすれば、本人同意を協定事項として定めることについては、もう少し慎重であってもよかったのではないか。

専門業務型の場合、本人同意といっても、企画業務型とは異なり、ことはそう簡単ではない（大学教員（教授研究の業務）の場合における実務上の問題点については、**第二三話**および**第二四話**を参照）。

改正省令の施行日は、令和六年四月一日。もはや一年を切ったとはいえ、施行日までに改正省令をもう一度見直すことも不可能ではない。将来に禍根を残さないためにも、挑戦してみる価値は十分にあろう。

（令和五年五月十五日）

第二六話　フューチャー・ロー（6）

労働基準法施行規則の改正(二)　裁量労働制と本人同意

令和五年三月三十日、「労働基準法施行規則及び労働時間等の設定の改善に関する特別措置法施行規則の一部を改正する省令」の公布に併せ、意見募集（パブリック・コメント）の結果が公示される。

例えば、裁量労働制に関しては、専門業務型裁量労働制に対する本人同意の要件化（協定事項化）について、次のような意見の要旨と意見に対する厚生労働省（厚労省、正確には労働基準局労働条件政策課／労働関係法課）の考え方が回答として示された（計二件）。

(1)　意見の要旨

専門業務型裁量労働制について、本人同意を一律に協定事項とするべきではない。仮に本人同意を要件として課す場合にも例外を認めるべき。

(1)　意見に対する考え方

労働者が納得した上で制度を適用するためには同意が必要と考えられること等を踏

まえ、専門業務型裁量労働制（以下「専門型」という。）においても本人同意を求めることとしているものです。

⑵　意見の要旨

専門型に取り入れる「本人同意」、及び現行の企画型における「本人同意」に関して、同意しなかった場合や同意を撤回した場合の不利益取り扱い（ママ）について、法律で禁止し、違反した使用者に罰則を課すべき（ママ）。

⑵　意見に対する考え方

専門型においても本人同意を得ることを協定事項とするに当たり、同意をしなかった場合の不利益取扱いについてもあわせて協定事項とすることとしております。また同意を撤回した場合の不利益取扱いについても、他制度との整合性も踏まえ、企画型については新たに指針に定めることとしており、制度の円滑な運用のため周知に取り組んでまいります。

例外を認める必要もなければ、法律に定めを置き、罰則を科す必要もない。厚労省としてはそういいたいのであろうが、意見はあくまで要旨であり、要約の過程で回答が困難な部分（意見の根拠や理由）についてはカットされた可能性もないではない。

確かに、⑴についていえば、「労働者が納得した上で制度を適用するためには同意が必要」との考え方は、一般論としてはそのとおりであろう。

また、厚労省が令和元年に実施した「裁量労働制実態調査」（調査結果の公表は、令和三年六月）によれば、「専門型裁量労働制の適用労働者がいる適用事業場」の場合、「労働者本人の同意」を要件としている事業場は全体の四六・三％を占める。

適用対象業務の内訳が公表されていないため、正確なことはいえないものの、その多くは「情報処理システムの分析・設計の業務」、つまりＳＥの業務を適用対象業務としている事業場ではないかと推測される。

ＳＥの業務については、特定の部署で働く従業員全員をＳＥとしている事業場も以前はあったと聞く。このような事業場の場合、念のため本人の同意を得ることが慣行となっていたとしても不思議ではない。

その場合、仮に同意を得られなかったとしても、裁量労働制が適用されない他の部署に配置換えするという選択肢もある。

右の厚労省調査によれば、「専門型裁量労働制の適用労働者がいる適用事業場」の割合はＳＥの業務が二九・〇％と最も高いが、その割合が二〇・七％とこれに次いで高い、研究開発の業務についても、他の部署への異動という選択はあり得ない話ではない。

「裁量労働制の適用労働者がいる適用事業場」における短時間労働者を除く常用労働者に対する適用労働者の割合でみても、ＳＥや研究開発の業務は、それぞれ二四・八％、二〇・四％と群を抜いて高い。

大学における教授研究の業務も、これらの業務に次いで適用労働者の割合が高い（一五・一％）とはいえ、大学教員について本人同意を要件としているといった話は、少なくとも対象となる教員数の多い大学では、これまで耳にしたことがない。

大学教員の場合、事務職員に対して行っているような通常の時間管理や、事務職等への配置換えを実施することには大きな困難を伴う（**第二三話**および**第二四話**を参照）。そうである以上、本人同意を要件とすることは、著しい無理を大学に強いることになる。

同じことは、専門業務型裁量労働制の適用対象業務である士業（公認会計士、弁護士、建築士、不動産鑑定士、弁理士、税理士、中小企業診断士）の業務についてもいえるが、いずれの業務も、適用労働者の割合は現実には一％を下回っている（建築士の〇・九％を除けば、その割合は、〇・〇％〜〇・一％にとどまっている）。

したがって、たとえ本人同意を要件として課したとしても、大学教員を除くと、実務にほとんど影響は与えない。だとすれば、あえて例外を認める必要はない。このように割り切って考えたのかもしれないが、当事者としては納得しかねる。

他方、⑵についていえば、本人同意の要件化（協定事項化）を国会による関与と同意を必要とする法改正ではなく、これを必要としない省令改正によって行ったことには問題があるという点に関しては、**第二五話**でも触れた。

すなわち、ベースにある考え方が⑵の意見提出者とは根本的に異なるものであったとしても、省令改正という方法が妥当であったとは、筆者も考えない。

また、これ以外にも、意見に対する考え方（回答）が、意見に正面から答えるものとはなっていないという問題がある。

例えば、「専門型においても本人同意を得ることを協定事項とするに当たり、同意をしなかった場合の不利益取扱いについてもあわせて協定事項とすることとしております」と回答にはある。

しかし、意見が求めているのは、専門型・企画型双方における法律による不利益取扱いの禁止であって、省令による禁止ではない。

同意しなかったことを理由とする不利益取扱いの禁止については、企画型の場合、法律（労基法三十八条の四第一項六号）にこれを決議事項とする定めが置かれているが、専門型の場合には、これを協定事項とする定めが法律にはなく、省令（改正による新設規定である労基法施行規則二十四条の二の二第三項一号）にしか置かれていない。

一方、同意を撤回した場合の不利益取扱いについては、企画型・専門型ともに法令にはその定めがなく、法律（企画型は労基法三十八条の四第一項七号、専門型は同三十八条の三第一項六号）に規定する「厚生労働省令で定める事項」として、同意の撤回に関する手続を決議事項または協定事項とする定めが、今回の省令改正に当たって新たに設けられた（企画型は労基法施行規則二十四条の二の三第三項一号、専門型は同二十四条の二の二第三項二号）にすぎない。この点で、企画型と専門型との間に違いはないことにも留意する必要がある。

それゆえ、回答にもある次のように定める企画業務型指針（第三の七⑴）の新設規定に関しては、専門業務型の協定についても同様の解釈・運用が求められると考えてよい。

イ　企画業務型裁量労働制の適用を受けることについての労働者の同意の撤回に関する手続を定めること。

(イ)　決議に際し、撤回の申出先となる部署及び担当者、撤回の申出の方法等その具体的内容を明らかにすることが必要である。

(ロ)　使用者は、同意を撤回した場合の配置及び処遇について、同意を撤回した労働者をそのことを理由として不利益に取り扱うものであってはならないものである。

近い将来、企画業務型に倣って、専門業務型についても、厚生労働大臣の定める指針の根拠規定が労基法に設けられる（三十八条の四第三項に相当する規定が三十八条の三にも置かれる）可能性は十分にある。そのことを念頭に置いた企画業務型指針の改正であったといえば、言い過ぎであろうか。

（令和五年五月二十九日）

第二七話　フューチャー・ロー（７）

本人同意のみなしと就業規則：ある法律改正から得たヒント

就業規則の条文を起案する際、そのヒントを立法から得る。そんなことが、人事労務の現場にはしばしばある。令和五年六月九日、同年の法律第四十八号として公布された「行政手続における特定の個人を識別するための番号の利用等に関する法律等の一部を改正する法律」（改正マイナンバー法）も、その一つであった。

改正マイナンバー法の成立（同法十五条に基づく改正）に伴い、「公的給付の支給等の迅速かつ確実な実施のための預貯金口座の登録等に関する法律」には、下記の条文が新設される（以下、傍線は筆者による）。

（行政機関の長等からの利用口座情報の提供による登録の特例）

第五条の二　前条第一項に規定する行政機関の長等（厚生労働大臣その他この項の規定による事務を適切に行い得るものと認められる者としてデジタル庁令で定めるものに限る。）は、……当該預貯金者に対し、……当該預貯金者に係る利用口座情報を内閣総理大臣に提供することについて同意するかどうかを回答するよう求める旨を記載した書面を次項に規定する方法（注：書留郵便等）により送付した上で、当該預貯金者から同意を得たとき（第二号の規定により同意をしたものとして取り扱われることとなる場合を含む。）は、当該預貯金者に係る利用口座情報を内閣総理大臣に提供することができる。

一　略

二　当該書面が到達した日から起算して三十日以上が経過した日までの期間としてデジタル庁令で定める期間を経過するまでの間に同意又は不同意の回答がないときは、当該同意をしたものとして取り扱われることとなること。

三　略

２～４　略

第五条の三（日本年金機構への事務の委託）　略

条文を読んだだけでは、何の規定かよくわからないというのが率直な感想であろうが、改正マイナンバー法が参議院本会議で可決・成立した日（令和五年六月二日）の読売新聞は、その内容を次のように伝えた。

「マイナンバーの年金受給口座とのひもづけを進める」。「年金受給者には法律の施行後、日本年金機構から口座ひもづけに同意するかどうかを尋ねる書留郵便が届く。回答しなければ同意したとみなされる。変更や取り消しはいつでも可能だ」。
また、このような手法には前例もあった。以下のように定める確定拠出年金法の規定がそれである（二項以下の規定は、平成三十年五月一日施行）。

（運用の方法の除外に係る同意）

第二十六条　企業型運用関連運営管理機関等は、提示運用方法から運用の方法を除外しようとするときは、企業型年金規約で定めるところにより、当該除外しようとする運用の方法を選択して運用の指図を行っている企業型年金加入者等（以下この条において「除外運用方法指図者」という。）（略）の三分の二以上の同意を得なければならない。（ただし書、略）

2　企業型運用関連運営管理機関等は、企業型年金規約で定めるところにより、除外運用方法指図者に前項の同意を得るための通知をした日から三週間以上で企業型年金規約で定める期間を経過してもなお除外運用方法指図者から同意又は不同意の意思表示を受けなかった場合は、当該除外運用方法指図者は同項の同意をしたものとみなすことができる。この場合において、当該通知には、その旨を記載しなければならない。

3・4　略

令和六年四月一日以降、大学教員についても専門業務型裁量労働制を適用するためには、本人同意が必要となる。

対象となる教員が数百名あるいは数千名を超える大学も実際には珍しくない。そのような場合、教員一人ひとりから同意を得ることは不可能に近い。ただ、就業規則に次のような規定を置けば、この難題はクリアできる。そのヒントが先にみた立法にはあった。

例えば、就業規則に次のように定める所定労働時間に関する規定が存在することを前提として、裁量労働制に関する規定を以下のように改める（傍線部を追加）のである。

（所定労働時間）

第A条　一日の所定労働時間は八時間とし、一時間の休憩時間をその途中に与える。

2　始業および終業の時刻ならびに休憩時間の時間帯は、次のとおりとする。

一　始業時刻　午前八時三〇分

二　終業時刻　午後五時三〇分

三　休憩時間　正午から午後一時まで

3　前項の規定にかかわらず、業務上の必要がある場合には、一日の労働時間が八時間を超えない範囲で、同項の始業および終業の時刻ならびに休憩時間の時間帯を変更することがある。

（裁量労働制）

第B条　業務の性質上その遂行の方法を大幅に当該業務に従事する教員の裁量に委ねる必要のある者については、第A条の規定にかかわらず、労働基準法第三十八条の三に基づく労使協定により、本人の同意を得て（同意しない旨を本人が大学に申し出なかった場合を含む。）、当該協定に定める時間労働したものとみなす。

2　前項の同意は、いつでも撤回することができる。その場合、同意を撤回した教員の始業および終業の時刻ならびに休憩時間の時間帯については、同意を撤回した日の属する月の翌月から第A条の定めによるものとする。同意しない旨を本人が大学に申し出たときも、同様とする。

労働基準法三十八条の三第一項六号は「前各号に掲げるもののほか、厚生労働省令で定める事項」を専門業務型裁量労働制に関する労使協定で協定すべき事項の一つとして規定するとともに、同法施行規則二十四条の二の二第三項は、次のように定めている（傍線部は、令和六年四月一日施行）。

③　法第三十八条の三第一項第六号の厚生労働省令で定める事項は、次に掲げるものとする。

一　使用者は、法第三十八条の三第一項の規定により労働者を同項第一号に掲げる業務に就かせたときは同項第二号に掲げる時間労働したものとみなすことについて当該労働者の同意を得なければならないこと及び当該同意をしなかつた当該労働者に対して解雇その他不利益な取扱いをしてはならないこと。

二　前号の同意の撤回に関する手続

三　略

四　使用者は、次に掲げる事項に関する労働者ごとの記録を前号の有効期間中及び当該有効期間の満了後五年間保存すること。

イ・ロ　略

ハ　第一号の同意及びその撤回

つまり、同意の撤回に関する手続については協定事項とされているが、同意を得る方法についてまで、労使協定に定めを置くことは求められていない。

他方、いつでも同意を撤回することができるのであれば、本人が同意しない旨を申し出なかった場合にも、同意があったものとみなし、同意を得たものとして扱ったとしても、教員が不利益を被ることはない。

筆者自身は、大学教員について本人同意を求めること自体に大きな問題があると考えている（**第二三話**、**第二四話**および**第二六話**を参照）が、実務的には前述のような規則改正を通して解決を図るしかあるまい。

労使協定だけではなく、裁量労働制の適用に教員が同意しなかった場合の効果を含め、就業規則にも必要な定めを置く。その理由については、**第二八話**で説明したい。

（令和五年八月十四日）

第二八話　フューチャー・ロー（8）

本人同意のみなしと労使協定

専門業務型裁量労働制の適用に関する本人同意や同意の撤回手続については、労働基準法（労基法）施行規則の定め（二十四条の二の二第三項、令和六年四月一日施行）に基づき、労使協定で規定すればよい。そう考える向きもあると聞く。

確かに、労基法施行規則の規定するところによれば、**第二七話**でみたように以下の三項目については、労使協定に定めを置く必要がある（③の「当分の間」、記録保存期間を「三年間」とする経過措置については、七十一条による）。

① みなし労働時間制（専門業務型裁量労働制）の適用について労働者の同意を得ることおよび同意をしなかった労働者に対して解雇その他の不利益な取扱いをしないこと。
② 同意の撤回に関する手続
③ 同意およびその撤回に関する労働者ごとの記録を五年間（当分の間：三年間）保存すること。

だが、労使協定は過半数組合または過半数代表者が使用者との間で締結するものであり、その拘束力は締結当事者ではない労働者には直接及ばない。

裁量労働制協定も例外ではなく、「〇〇時間労働したものとみなす」ためには、労使協定に加えて、就業規則にもその旨の定めを置くことが必要になる。

労使協定には、そのような就業規則の定めを適法なものとする効果がある。これを逆にいうと、労使協定がなければ、就業規則に定める労働時間のみなし規定も、法的拘束力を欠くものとなる。

例えば、大学教員（教授研究の業務）を対象とする専門業務型裁量労働制協定としては、次のようなものが考えられる。

（対象労働者の範囲）

第一条　この協定は、大学の教員（〇〇教員および非常勤講師を除く。以下同じ。）に対して適用する。

（裁量労働の原則）

第二条　次条第二項の定めにより、労働時間のみなしに同意した教員については、講義および会議等の校務に要する時間を除き、大学は、その業務遂行の手段および時間配分の決定等につき、具体的な指示をしないものとし、このことと抵触する限りにおいて、始業・終業時刻等に関する就業規則の規定は、これを適用しないものとする。

（労働時間のみなし等）

第三条　教員については、就業規則に定める所定労働時間勤務したものとみなす。

2　前項の定めにより、労働時間のみなしを行うに当たっては、教員の同意を得るものとする。その際、労働時間のみなしに同意しない旨を大学に申し出なかった教員については、労働時間のみなしに同意したものとして取り扱うものとする。

3　前項の同意は、大学に申し出ることにより、いつでも撤回することができる。

4　労働時間のみなしに同意しなかったことまたは同意を撤回したことを理由として、大学が教員に対して解雇その他の不利益な取扱いをすることはない。

（健康・福祉確保措置）

第四条　略

（苦情処理措置）

第五条　略

（記録の保存）

第六条　次の各号に定める事項については、教員ごとにこれを記録し、この協定の有効期間中および期間満了後三年間、その記録を保存するものとする。

一　第三条に定める労働時間のみなしに関する同意およびその撤回

二　第四条に定める健康・福祉確保措置

三　前条に定める苦情処理措置

（有効期間）

第七条　略

右の労使協定は、大学教員を対象とする専門業務型裁量労働制協定として最低限必要と思われる条文をベースに起案したものであるが、傍線部が労基法施行規則の改正を受けて追加した部分に当たる。

うち、労働時間のみなしに関する部分は、本人同意に関する規定を含め、裁量労働制の根幹をなす部分であり、労働時間のみなしに法的拘束力を持たせるためには、**第二七話**でその例を示したように、就業規則にも同旨の規定を置く必要がある。

なかでも、「労働時間のみなしに同意しない旨を大学に申し出なかった教員については、労働時間のみなしに同意したものとして取り扱う」という部分は、対象となる教員が多い場合には、必須のものとなる。書面等で回答を求めても、同意するか否かの意思を一向に明らかにしない。そんな教員が大学では珍しくないからである。

このような同意のみなしを認めたとしても、同意の撤回がいつでも可能であれば、教員が不利益を被ることはない。

第二七話でみた就業規則の規定と同様、労使協定三条二項後段および三項の規定は、そうした発想から設けた規定であるが、四項については、解雇その他の不利益取扱いをしなければすむ話であり、就業規則にまで同趣旨の規定を設ける必要はない。同意やその撤回に関する記録についても、労使協定に記録の保存について定めを置けば十分であろう。

なお、教員が労働時間のみなしに同意しない旨を大学に申し出た場合、または同意を撤回した場合には、労働時間のみなしが行われない以上、就業規則に定める始業・終業時刻等の規定が文字どおり適用される。それがいかに大きな困難を伴うとしても、適用を否定する理由にはならない。

先にみた労使協定では、このことが二条の反対解釈から導かれるが、就業規則には**第二七話**でみたように、こうした本来の時間管理の実施時期（即日実施は不可能であり、同意の撤回等のあった日の属する月の翌月から実施する程度の工夫は必要）を含め、より詳細な規定を置くことが求められる。

以上のほか、現職教員については、その同意を円滑に得るために、改正労使協定や改正就業規則の施行より一か月程度早く同意手続に着手する（就業規則等の改正はそれ以前にすませる）ことも検討に値しよう。

ある省令改正：促音の小書き

拗音（や・ゆ・よ）や促音（つ）については、大書きとする。平成の世を迎えるまで、わが国の法令にはそのような慣行が存在し、判例もその慣行に従っていた。

現在も、労基法をはじめ、昭和年間に制定をみた法令が改正される場合には、そうした慣行が維持されている（以上、詳しくは、拙著『労働法とその周辺――神は細部に宿り給ふ』（アドバンスニュース出版、平成二十八年）七七頁以下を参照）。

しかし、最近になり、その例外ともいえるケースに遭遇した。「労働力調査規則の一部を改正する省令」（令和五年三月十六日総務省令第十四号）がそれである。

省令改正の主眼は、総務省の説明によれば「従来、実地のみに限定していた『実地検査』について、『実地』という用語の使用を取りやめ、実地以外の方法も対応が可能となるよう改める」ことにあったが、「よつて」を「よって」に改める等、計七箇所において、促音の表記を小書きとする改正が行われている。

説明には「現代表記への変更など所要の改正」を行ったとあるが、令和二年四月八日に労働力調査規則（昭和五十八年八月二十九日総理府令第二十三号）の改正が行われた際、改正規定の一部（十一条三項）で促音の表記を誤って小書きとしたミスをカバーした、というのが真相らしい。

官報を眺めていると、そんな想定外の事件に出会うこともある。法制官僚も人間である以上、ミスは免れない。ただ、ここはミスを認め、正々堂々と改正してほしかった。

（令和五年八月二十八日）

第二九話　フューチャー・ロー（9）

私立学校法の改正㈠　理事選任機関の新設

令和五年二月十七日に閣議決定され、同日第二一一回国会（常会）に閣法第二十一号として提出された法案に「私立学校法の一部を改正する法律案」がある。私立学校法単体の改正としては、第三次改正に当たる。

この日、文部科学省のサイトに掲載された改正法案の「案文・理由」は全体で一一八頁、字数にすると五万字を超える。

「私立学校の健全な発達に資するため、理事、理事会、監事、評議員、評議員会及び会計監査人の職務その他の学校法人の機関に関し必要な事項について定めるとともに、予算、会計その他の学校法人の管理運営に関する規定の整備等を行う必要がある。これが、この法律案を提出する理由である」。

右の法案提出理由を一読してもわかるように、改正法案の主眼は私立学校のガバナンス改革にある。例えば、今回の法改正により、私立学校法第三章「学校法人」の第三節は、その見出しが「管理」から「機関」へと改められるが、これに先行して、第一節「通則」には以下の規定が設けられる（傍線は筆者による。以下同じ）。

（機関の設置）

第十八条　学校法人は、理事、理事会、監事、評議員及び評議員会並びに理事選任機関を置かなければならない。

2　学校法人は、前項に規定するもののほか、寄附行為をもつて定めるところにより、会計監査人を置くことができる。

3　理事の定数は五人以上、監事の定数は二人以上、評議員の定数は六人以上とし、それぞれ寄附行為をもつて定める。この場合において、寄附行為をもつて定める評議員の定数は、寄附行為をもつて定める理事の定数を超える数でなければならない。

4　会計監査人を置く場合にあつては、その定数は、寄附行為をもつて定める。

これにより、理事選任機関は学校法人の必置機関となり、会計監査人は任意の設置機関（ただし、私立大学を設置する学校法人では必置機関。百四十四条一項を参照）となる。

確かに、会計監査人という用語は現行私立学校法にも登場する。とはいっても、正確には「一般社団法人及び一般財団法人に関する法律」（一般社団・財団法人法）の準用規定である四十四条の五において、一般社団法人に対する損害賠償責任の一部免除について規定した一般社団・財団法人法百十三条一項二号ハにいう「監事又は会計監査人」を「監事」

と読み替えるものでしかない。
他方、理事選任機関という用語は現行法令には一切登場しない。理事の選任権および解任権を理事選任機関に付与する。私立学校法改正の目的の一つはここにあるといってよいが、具体的には次のような規定が置かれることになる。

（理事の選任等）
第三十条　理事は、私立学校を経営するために必要な知識又は経験及び学校法人の適正な運営に必要な識見並びに社会的信望を有する者のうちから、寄附行為をもつて定めるところにより、理事選任機関が選任する。
2　理事選任機関は、理事を選任するときは、あらかじめ、評議員会の意見を聴かなければならない。
3　理事選任機関は、理事を選任する場合に、文部科学省令で定めるところにより、理事の総数が五人（五人を超える員数を寄附行為をもつて定めた場合にあつては、その員数）を下回ることとなるときに備えて補欠の理事を選任することができる。
4　略（学校法人と理事との関係）

（理事の解任）
第三十三条　理事選任機関は、理事が次の各号のいずれかに該当するときは、寄附行為をもつて定めるところにより、当該理事を解任することができる。

一　職務上の義務に違反し、又は職務を怠つたとき。
二　心身の故障のため、職務の執行に支障があり、又はこれに堪えないとき。
三　その他寄附行為をもつて定める事由があるとき。
2　理事が前項各号のいずれかに該当するときは、評議員会は、当該理事の解任を理事選任機関に求めることができる。
3　略（評議員による理事の解任請求に係る訴えの提起）

以上のほか、改正法は、五十二条三号で、監事の職務の一つとして「学校法人の業務若しくは財産の状況又は理事の職務の執行の状況について、理事会及び評議員会並びに理事選任機関に対し報告すること」を規定するとともに、五十六条二項で「監事は、学校法人の業務若しくは財産又は理事の業務の執行に関し、不正の行為若しくは法令若しくは寄附行為に違反する重大な事実があることを発見したとき、又は不正の行為がなされ、若しくは法令若しくは寄附行為の重大な違反が生ずるおそれがあると認めるときは、遅滞なく、その旨を理事会及び評議員会並びに所轄庁に報告しなければならない」と定めた上で、同条三項で「前項の規定による報告が理事の業務の執行に関するものであるときは、監事は、寄附行為をもつて定めるところにより、その内容を理事選任機関にも報告しなければならない」と規定する。

ただ、改正法も、理事選任機関そのものについては、次のように定めるにすぎない（なお、同趣旨の規定は寄附行為について定めた二十三条にも置かれている。同条一項十号を参照）。

（理事選任機関）

第二十九条　理事選任機関の構成、運営その他理事選任機関に関し必要な事項は、寄附行為をもつて定める。

理事選任機関については、このように構成も運営もそのすべてが寄附行為に委ねられる。法律による過度の介入を避けたということではあろうが、何となく釈然としない。それが大方の率直な感想であろう。

なお、現行私立学校法は、三十五条一項で「学校法人には、役員として、理事五人以上及び監事二人以上を置かなければならない」と定めるとともに、四十一条二項で「評議員会は、理事の定数の二倍をこえる数の評議員をもつて、組織する」と規定する。先にみた改正法十八条三項は、その改正規定としての意義を有する。

理事の多くが評議員を兼ねる。これまではそんな現実があった。現行私立学校法にも、校長（学長）と並んで「学校法人の評議員のうちから、寄附行為の定めるところにより選任された者」を「理事となる者」として規定した条文（三十八条一項二号）が存在する。

それが、法改正により「理事は、……評議員を兼ねることができない」（三十一条三項）、そのような世界へと一変する。

理事が評議員を兼任することを前提とした「理事の定数の二倍をこえる数」から、双方の兼任を前提としない「理事の定数を超える数」へ。

文科省のサイトにアップされた改正法案の「概要」が「評議員の下限定数は、理事の定数を超える数まで引き下げる。（第十八条、第三十一条関係）」としたのは、こうした評議員の下限定数の引下げを意味していた。

ところで、改正法施行後は、理事が評議員を兼ねることができなくなるとはいっても、評議員会の諮問機関的性格までが変わるわけではない（六十六条二項一号を参照）。これと平仄を合わせる形で、評議員会は依然として「理事が招集」し（七十条一項）、理事会が決定した議案を評議員会に「理事が提出する」（同条二項、三項）ものとされる。

理事が評議員会に出席するという点でも、現状と変わりはない。このことは、学校法人の評議員会がモデルとした一般財団法人の評議員会（一般社団・財団法人法第三章「一般財団法人」第二節「機関」第三款「評議員及び評議員会」を参照）の現状（理事の出席義務が評議員会の運営規程・規則には通常定められる）をみてもわかる。

法改正により何が変わり、何が変わらないのか。その見極めが必要といえよう。

（令和五年四月十日）

第三〇話　フューチャー・ロー（10）

私立学校法の改正㈡　評議員の資格および構成

改正法が可決・成立したとしても、公布日に即日施行されない限り、公布から施行までの間にはタイム・ラグがある。

その結果、少なくとも改正法が施行されるまでの間は、現行法が適用される。経過措置が講じられる場合には、実務に配慮したものとはいえ、法律の適用関係は一面ではさらにわかりにくいものとなる。

このことに関連して、「私立学校法の一部を改正する法律案」（第二一一回国会閣法第二十一号）の附則（改正附則）は、次のように規定する（［　］は筆者による補充）。

附　則

（施行期日）

第一条　この法律は、令和七年四月一日から施行する。ただし、［政令への委任について定めた］附則第十一条の規定は、公布の日から施行する。

（役員及び評議員の資格等に関する経過措置）

第二条　この法律の施行の際現に在任する学校法人（この法律による改正後の私立学校法（以下「新私立学校法」という。）第百五十二条第五項の法人［専修学校または各種学校のみの設置を目的とする法人を指す］を含む。以下同じ。）の役員（略）及び評議員については、この法律の施行の日（以下「施行日」という。）以後最初に招集される定時評議員会の終結の時までは、［理事の資格および構成について定めた］新私立学校法第三十一条、［監事の資格について定めた］第四十六条、［評議員の資格および構成について定めた］第六十二条及び［私立大学を設置する学校法人を含む大臣所轄学校法人等における理事の資格の特例等について定めた］第百四十六条第一項（略）の規定は適用せず、その資格及び構成については、なお従前の例による。

2　この法律の施行の際現に在任する学校法人の役員及び評議員についての施行日以後最初に招集される定時評議員会の終結の時から令和九年四月一日（大臣所轄学校法人等（略）にあっては、令和八年四月一日）以後最初に招集される定時評議員会の終結の時までの間における新私立学校法第三十一条第六項、第四十六条第三項並びに第六十二条第四項及び第五項（略）の規定の適用については、新私立学校法第三十一条第六項、第四十六条第三項及び第六十二条第四項中「二人以上の評議員」とあるのは「三人以上の評議員」と、同条第五項第三号中「六分の一」とあるのは「三分の一」とする。

（役員及び評議員の任期に関する経過措置）

第三条　この法律の施行の際現に在任する学校法人の役員又は評議員である者の任期は、［理事、監事および評議員の任期について定めた］新私立学校法第三十二条第一項、第四十七条第一項及び第六十三条第一項（略）の規定にかかわらず、この法律の施行の際におけるその者の役員又は評議員としての残任期間と同一の期間とする。ただし、当該期間の満了の時が令和九年四月一日以後最初に招集される定時評議員会の終結の時以後である場合は、当該終結の時までとする。

第四条　以下、略

右にいう「定時評議員会」とは「毎会計年度の終了後一定の時期に招集」することが、学校法人に義務づけられる評議員会を指す（改正法六十九条一項を参照）。したがって、毎年五月頃に招集される評議員会を意味すると考えればよい。

現行法のもとで選任された理事や監事、評議員については、改正法に定めるその資格や構成に関する規定が、改正法施行後最初に招集される評議員会が終わるまでは適用されない。改正法附則第二条一項は、このように定める。

例えば、「理事は、……評議員を兼ねることができない」と定める改正法三十一条三項も、改正法施行後最初に招集される評議員会が終了するまでは適用されず、理事と評議員との兼任が認められる。

ただ、このことは、当該評議員会の終結時までは「評議員会は、理事の定数の二倍をこえる数の評議員をもつて、組織する」と規定する現行法四十一条二項の適用を受けることと表裏一体の関係にある。

改正法が公布された後であっても、施行日の前日までは、現行法の規定に基づいて「理事の定数の二倍をこえる数の評議員」を選任する必要がある。すなわち、今後予定どおり法改正が進んだとしても、このような状況が令和七年三月末日までは続くことを忘れてはならない。

とはいうものの、内閣提出法案として私立学校法改正案が提出された以上、今後評議員を選任するに当たっては、次のように定める改正法の規定を念頭に置いて、評議員の選任を行わざるを得ない。

改正法施行後最初に招集される評議員会が終了すれば、直ちにその適用を受けることに変わりはないからである。

（評議員の資格及び構成）

第六十二条　（一・二項、略）

3　評議員には、次に掲げる者（第二号に掲げる者にあつては、当該者がある場合に限る。）が含まれなければならない。

一　当該学校法人の職員

二　当該学校法人の設置する私立学校を卒業した者で年齢二十五年以上のもの（前号に掲げる者を除く。）

4　評議員は、他の二人以上の評議員と特別利害関係を有するものであってはならない。

5　評議員の構成は、次の各号のいずれにも該当するものでなければならない。

一　第三項第一号に掲げる者である評議員の数が評議員の総数の三分の一を超えないこと。

二　理事又は理事会が評議員を選任する場合において、当該評議員の数が評議員の総数の二分の一を超えないこと。

三　役員又は他の評議員のいずれかと特別利害関係を有する者並びに子法人役員及び子法人に使用される者である評議員の数の合計が評議員の総数の六分の一を超えないこと。

確かに、本条四項および五項三号に関しては、改正法附則第二条二項により、私立大学を設置する学校法人を含む大臣所轄学校法人においても、令和八年四月一日以後最初に招集される定時評議員会が終了するまでは、特別利害関係（一方の者が他方の者の配偶者又は三親等以内の親族である関係その他特別な利害関係として文部科学省令で定めるものをいう。改正法三十一条六項を参照）を有するものについて、一定の読替えを行うことが認められている。

また、令和九年四月一日以後最初に招集される定時評議員会が終わるまでは、理事や監事、評議員の任期についても、改正法附則第三条は経過措置として特例を認めるものとなっている。

しかし、附則による配慮といっても、このように文字どおり時限的な配慮にとどまる。なるほど、現行法四十四条一項にも改正法六十二条三項に相当する規定は置かれているとはいうものの、同条五項に相当する規定は現行法には存在しない。学校法人がその対応に苦慮するであろうことは想像に難くない。

改正法のもとでは、二十三条一項八号により「評議員の定数、任期、選任及び解任の方法その他評議員に関する事項」は寄附行為をもって定めるべき事項とされているが、寄附行為で定める評議員の定数を九人とすれば、「当該学校法人の職員」である評議員の数の上限は三人となる。

仮に評議員の定数を一〇人としても、「当該学校法人の職員」および「当該学校法人の設置する私立学校」の卒業生をともに理事会が選任するものと寄附行為で定めると、双方の合計は五人を上限とするものとなる。残りの五人について、寄附行為においてどのように規定するのか。いずれにせよ、容易に答えの出る問題ではない。

（令和五年四月二十四日）

第三一話　フューチャー・ロー（11）

私立学校法の改正(三)　委員会審議からわかること

令和五年五月八日、同年の法律第二十一号として、「私立学校法の一部を改正する法律」が公布される。

令和五年一月二十三日に召集された第二一一回国会の場合、五月八日までに公布された法律二二件のうち、全会一致で可決された法律は九件。四月二十六日に参議院本会議で可決・成立をみた私立学校法の一部改正法も、その一つであった。

改正法案の趣旨説明が衆議院文部科学委員会で行われたのが、令和五年三月十日。同月二十二日にはその可決をみる。参議院文教科学委員会においても、四月十八日には法案の趣旨説明が行われ、同月二十五日には可決の日を迎える。

国会議員の関心事や主務官庁の考え方等、委員会の会議録（衆議院は委員会議録、参議院は委員会会議録という。拙著『労働法とその周辺――神は細部に宿り給ふ』（アドバンスニュース出版、平成二十八年）ⅰ頁を参照）を通して、初めてわかることもある。

令和五年二月十七日に改正法案が閣議決定された際、新聞報道の多くは刑事罰の新設を記事のトップに据えた。例えば、同日の読売新聞は次のようにいう。

N大学などの「私大で不祥事が相次いだことを踏まえ、学校法人役員に対し、『特別背任』、『贈収賄』、『目的外の投機取引』、『不正手段での認可取得』の罰則として刑事罰を新設する。／最も重い特別背任行為には『七年以下の拘禁刑か五百万円以下の罰金、またはその両方』を科す。刑法の背任罪で定める『五年以下の懲役または五十万円以下の罰金』より重く、一般社団法人の制度と同程度の法定刑とした。拘禁刑は二五年に施行する見通しの改正刑法で導入される」。

文中にいう「一般社団法人の制度」とは、「一般社団法人及び一般財団法人に関する法律」（一般社団・財団法人法）第七章に定める罰則をいう。

一般社団・財団法人法の罰則では、正確には「一般社団法人」ではなく、「一般社団法人等」という言葉が使用されており、この「一般社団法人等」には「一般財団法人」が含まれること（同法二条一号を参照）から、学校法人との関連を考えれば、「一般財団法人の制度」としたほうがよかったかもしれない。

ただ、委員会審議において、私立学校法にはもともと刑罰規定が存在しなかったことに言及した国会議員はわずかに一人だけであり、特別背任の法定刑が刑法の背任罪よりも重いことに言及した国会議員も、別人ではあるがやはり一人しかいなかった。

しかも、いずれの場合も、ごく簡単な言及にとどまっている（新聞報道にあるような答弁がなされた例も、たった一回にすぎない）。

私立学校法に規定する罰則のボリュームは、法改正により五倍以上に膨れ上がった（六〇〇字余りの規定が三〇〇〇字を超えるものとなった）ものの、国会議員の関心を引くことはついになかったといえる。

では、私立学校法改正のもう一つの柱、主柱ともいうべき学校法人のガバナンス改革についてはどうか。

この点に関して、前述の読売新聞の記事は「理事会をチェックする評議員会の権限も強化する。評議員会に理事の解任を請求できる権限を与える。重要事項決定の際には評議員会の決議を必要とする規定も盛り込んだ」とするが、その際に参考にされたのは、法人の機関として評議員会を置くことが法律で規定された一般財団法人や社会福祉法人の制度であって、一般社団法人の制度ではない。

一般社団法人には、そもそも機関としての評議員会が存在せず、これに代わるものとして社員総会が存在する。

永岡桂子文部科学大臣も、委員会審議において、改正法案が「一般財団法人や社会福祉法人等の規律を参考」にした旨の答弁を繰り返し行っている。

にもかかわらず、委員（国会議員）や参考人のなかには、学校法人イコール公益法人とした上で、私立学校にも「公益社団・財団法人……と同様の機関設計、改革を適用する」といったラフな発言をする者も少数ではあるが散見された。

確かに、学校法人は、公益社団法人や公益財団法人、社会福祉法人等とともに、税法上の優遇措置が認められる「公益法人等」に含まれる（「公益法人等」の定義については、法人税法二条六号、別表第二をベースとするものが多い）。

しかし、「公益法人」と「公益法人等」では、その意味が異なる。

「公益社団法人及び公益財団法人の認定等に関する法律」（公益法人認定法）二条三号によれば、「公益法人」とは「公益社団法人又は公益財団法人をいう」が、それ以外の定義は寡聞にして知らない。

しかも、公益社団法人は、公益法人認定法二条一号により公益認定を受けた一般社団法人と定義されており、このことからもわかるように、公益社団法人には法人の機関としての評議員会は存在しない。

しかる以上、改正法がそのような公益社団法人と「同様の機関設計」を求める可能性もない。法律の条文を確認した上での発言なのか、それすら怪しいといわざるを得まい。

他方、委員会審議において、より明確な形で確認されたこともある。

例えば、「意思決定機関は理事会であり、評議員会は諮問機関であるという「私立学校法の」基本的な枠組み」は、法改正によっても変わらないこと、また「今回の改正は、理事会と評議員会の対立を意図するものではなく、理事会と評議員会が相互に牽制し合いながらも総合的に協力し、充実した納得感のある学校法人運営を目指すもの」であること、といった点がそれである。

右の引用は、政府参考人として答弁に立った茂里毅文部科学省高等教育局私学部長の発言から行ったものである（以下同じ）が、後者については「各機関の建設的な協働と相互牽制」と言い換えられることもあった。

とはいえ、法改正の主な目的が学校法人のガバナンス改革にあったことから、委員会における議論のテーマも、理事会と評議員会の相互牽制、なかでも「評議員会の監視、監督機能」の強化を中心とするものになる。

その一つに、法改正により新設される理事選任機関をめぐる議論があった。

「理事選任機関の構成、運営その他理事選任機関に関し必要な事項は、寄附行為をもって定める」。改正後の私立学校法二十九条は、理事選任機関について、このように規定するものであったが、具体的な理事選任機関の取扱いについては「文科省が一律にこれだと決めるものではなく、各学校法人の判断に委ねたところで」あり、「場合によっては、理事会や評議員会、第三者機関など［が］、法人の判断により理事選任機関となり得る」というのが、政府参考人によるほぼ一貫した答弁の基調となった。

これに対して、「少なくとも、大臣所轄法人（注：当該法人には私立大学を設置運営する学校法人を含む）については、理事選任機関を理事長あるいは理事会のみとすることを禁止するという運用が必要」ではないかとする委員の意見もみられたが、「理事選任機関となり得る」ものに「理事長」を加えるというのが、政府参考人の答弁であった。

なお、衆参両院ともに、委員会の附帯決議は「学校法人の理事の選任は評議員会の監視・監督機能を定期的に発揮させる重要な手段であることを踏まえ、各学校法人の理事選任機関に評議員を含めるなどの工夫により、理事会からの中立性を確保するよう周知を図る」ことを決議に含むものとなっている。

これが「理事選任機関は、理事を選任するときは、あらかじめ、評議員会の意見を聴かなければならない」と規定する改正法三十条二項とどう関係するのか。

「評議員会の意見の聴取を要する事項について」は「必要に応じて意見の聴取に代えて決議を要することもできる旨を各学校法人に周知する」とした附帯決議と併せ考えると、単なる意見聴取では終わらせないというのが、国会の意思と解することもできよう。

（令和五年六月二十六日）

第三二話　フューチャー・ロー（12）

私立学校法の改正㈣　附帯決議からわかること

「学校法人制度につきましては、……令和元年、私立学校法改正の際の国会の附帯決議や、閣議決定されました経済財政運営と改革の基本方針におきまして、更なる改革の必要性が示されたところでございます」（以上、茂里毅文部科学省高等教育局私学部長の国会答弁から引用）。

令和五年の私立学校法改正においては、委員会審議のなかで、法改正の背景とかかわるこのような説明が繰り返し行われた。

右にいう基本方針とは、令和元年六月二十一日に閣議決定をみた「経済財政運営と改革の基本方針二〇一九」を指す。具体的には、「ＥＢＰＭをはじめとする行政改革の推進」との見出しのもと、次のように記したものがそれであった。

「公益法人としての学校法人制度についても、社会福祉法人制度改革や公益社団・財団法人制度の改革を十分踏まえ、同等のガバナンス機能が発揮できる制度改正のため、速やかに検討を行う」。

しかし、当該文書のどこを探しても、ＥＢＰＭについて定義した箇所がない。ＥＢＰＭが「証拠に基づく政策立案」（Evidence Based Policy Making）を意味することが仮に周知の事実であるとしても（?）、この略語を含む見出しと学校法人のガバナンス改革との関係は、お世辞にも明確とはいえない。

また、そこにいう「公益法人としての学校法人制度」との記述が正確さを欠くことは、**第三一話**でも指摘した。

その際にも述べたように、改正法が参考にしたのは、一般財団法人や社会福祉法人の制度であって、公益社団・財団法人の制度ではない。ただ、閣議決定の記述内容をそのままオウム返しに復唱する。委員会審議においては、残念ながらそのような委員＝国会議員や参考人がいたことも事実であった。

他方、政府答弁にいう附帯決議とは、衆参両院の関係委員会における「学校教育法等の一部を改正する法律案に対する附帯決議」をいい、学校法人については次のように決議するものであった（以下、引用は令和元年五月十六日の参議院文教科学委員会における附帯決議による。傍線部は、平成三十一年四月十日の衆議院文部科学委員会における附帯決議との相違点（読点の有無を除く）を指す）。

六、学校法人が、その設置する私立学校の教育の質の向上を図るに当たっては、学校の経営状況や教学上の方針について教職員と十分に情報を共有するなど、経営と教学の連携に努めるとともに、とりわけ文部科学［大臣］所轄学校法人においては、憲法で保障されている学問の自由及び大学の自治の理念を踏まえ、私立大学の自主性・公共性を担保する観点から、その設置する大学の教育・研究や運営に過度な干渉をすることがないよう、特段の留意を払うこと。

七、学校法人における監査の実効性や客観性を高めるため、理事長・理事と親族関係にある者の監事への就任を禁止するなど、監事として適切な人材の在り方について検討し、必要な措置を講ずること。

八、学校法人における監事については、理事長・理事に対する第三者性・中立性を確保し、監事の牽制機能が十分に発揮されるよう、その選任の透明性・公平性を担保する必要な措置を講ずること。

九、学校法人における自律的なガバナンスの改善に資する仕組みを構築するため、理事長の解職に関する規定の追加を検討するなど、社会の変化を踏まえた学校法人制度の在り方について不断の見直しに努めること。また、学校法人の不祥事や不正等が繰り返されることのないよう、これらに対する告発が隠蔽されずに適切に聞き入れられる仕組みの構築等、より実効性のある措置について速やかに検討すること。

確かに、附帯決議そのものに法的拘束力はない。だが、附帯決議があれば、担当大臣は決議の趣旨に十分留意して対処する旨、発言することを常とする。

こうして、令和五年の私立学校法改正においても、次のような規定が新設をみることになった。

例えば、附帯決議「七」についていえば、「理事は、……一人以上の監事……と特別利害関係（一方の者が他方の者の配偶者又は三親等以内の親族である関係その他特別な利害関係として文部科学省令で定めるものをいう。……）を有するものであってはならない」と規定した改正法三十一条六項の定めがこれに当たる。

さらに、現行法が三十八条四項に「監事は、評議員会の同意を得て、理事長が選任する」との定めを置くのに対して、改正法が四十五条一項で「監事は、学校運営その他の学校法人の業務又は財務管理について識見を有する者のうちから、寄附行為をもって定めるところにより、評議員会の決議によって、選任する」と規定したのは附帯決議「八」を受けたものといえる。

改正法三十三条に「理事の解任」に関する規定が設けられたことも、附帯決議「九」の延長において考えることができよう。

令和元年五月二十四日に公布をみた「学校教育法等の一部を改正する法律」（令和二年四月一日施行）は、附則で次のように定めるものであったが、現実には施行後五年を待たずして、私立学校法の新たな改正に向けた検討はスタートしている。

（検討）

第十三条　政府は、この法律の施行後五年を目途として、新私立学校法の施行の状況について検討を加え、必要があると認めるときは、その結果に基づいて所要の措置を講ずるものとする。

令和五年の「私立学校法の一部を改正する法律」（令和七年四月一日施行）にも、これと一字一句異ならない定めが附則第十二条に置かれており、次の改正に向けた検討は令和十年頃には始まるように思われる。

そして、私立学校法改正に係る今回の附帯決議にも、次のように検討課題を明示したものがあった（以下の引用は、令和五年四月二十五日の参議院文教科学委員会における附帯決議による。なお、同年三月二十二日の衆議院文部科学委員会における附帯決議では、下記の「五」に相当する附帯決議がなく、「七」が「六」に、「十三」が「十二」に変わる）。

四、理事長等特定の者への権限の集中が一部の私立大学等における不祥事の背景となっている状況を踏まえ、評議員会の監視・監督機能が実質的かつ健全に機能するよう、理事又は理事会が選任する評議員数の上限（注：評議員の総数の二分の一）については、必ずしも当該割合まで求めるものではないことを各学校法人に周知するとともに、上限の在り方について検討すること。

七、私立大学等のガバナンス不全を防止するため、文部科学大臣所轄学校法人等において

　は、理事長職について、責任に見合った勤務形態を取らせるため、任期や再任回数に上限を設けるための措置など理事長職の在り方について検討すること。

次回の改正では、理事または理事会が選任することのできる評議員数にさらに枠をはめ、理事長の任期や再任回数についても上限を設ける。それが、立法府と法律案を実際に起案する行政府の意思と考えて、おそらく間違いはない。

なお、今回の附帯決議には、**第三一話**で言及した項目以外にも、周知による対応を学校法人に求めた次のような項目が含まれていた。

五、評議員の選任に際し、多様な主体が評議員会に参画することの重要性に鑑み、各学校法人の規模や特性に応じて、教職員、卒業生、保護者、地域住民、有識者などバランスの取れた多様な構成とすることが望ましい旨を、各学校法人に対し周知すること。

十三、学校法人の役員及び評議員の選任に当たっては、男女共同参画の観点から、女性の登用について配慮を求める旨を、各学校法人に対し周知すること。

目下のところは附帯決議にとどまるとはいえ、こうした方向での指導も、今後は強まる。そう覚悟したほうがよいかもしれない。

（令和五年七月十日）

第三三話　フューチャー・ロー（13）

私立学校法の改正㈤　改めるべき日本語の表現

平成三十一年四月十日、衆議院文部科学委員会において採択された「学校教育法等の一部を改正する法律案」の附帯決議には、次のように述べる箇所がある。

六　学校法人が、その設置する私立学校の教育の質の向上を図るに当たっては、学校の経営状況や教学上の方針について教職員と十分に情報を共有するなど、経営と教学の連携に努めるとともに、とりわけ文部科学［大臣］所轄学校法人においては、憲法で保障されている学問の自由及び大学の自治の理念を踏まえ、私立大学の公共性を担保する観点から、その設置する大学の教育・研究や運営に過度な干渉をすることがないよう、特段の留意を払うこと。

学校法人の設置する大学、つまり私立大学の教育・研究や運営に過度な干渉をしない。この附帯決議の結論部分については、もとより異存はない。とはいえ、それが私立大学の公共性を担保する観点から導かれる命題であるといわれると、疑問符が付く。

こうした考慮が働いたのであろうか、**第三二話**でみたように、これに続く令和元年五月十六日の参議院文教科学委員会における附帯決議では、「私立大学の公共性」が「私立大学の自主性・公共性」と改められる。

今回の「私立学校法の一部を改正する法律案に対する附帯決議」においても、次のような同趣旨の決議が冒頭に置かれた（引用は、令和五年三月二十二日の衆議院文部科学委員会の附帯決議による。四月二十五日の参議院文教科学委員会の附帯決議も、決議番号に読点があることを除き、同じ）。

一　本法による学校法人のガバナンス改革に当たっては、私立学校の建学の精神を侵すことのないよう留意すること。また、大学を設置する学校法人においては、憲法で保障されている学問の自由及び大学の自治の理念を踏まえ、私立大学の自主性・公共性を担保する観点から、その設置する大学の教育・研究に不当に干渉することがないよう、特段の留意を払うこと。

確かに、私立学校法は、同法の目的を次のように定める。その規定内容は、今回の改正によってもまったく変わっていない。

（この法律の目的）

第一条　この法律は、私立学校の特性にかんがみ、その自主性を重んじ、公共性を高めることによつて、私立学校の健全な発達を図ることを目的とする。

しかし、私立大学を含む私立学校が公共性を有し、公共性を高めることがその使命とされていることは、国の関与を肯定する理由とはなっても、否定する理由とはならない。

「留意を払う」という表現も日本語としては不自然であることを併せ考慮すると、決議の後段は、次のように改めるべきであったとも考えられる（傍線部が変更箇所）。

「また、大学を設置する学校法人においては、憲法で保障されている学問の自由及び大学の自治の理念を踏まえ、私立大学の公共性に留意しつつ、その自主性を担保する観点から、学校法人の設置する大学の教育・研究に不当に干渉することがないよう、特段の注意を払うこと」。

「留意を払う」という言葉は、国会答弁等においても使用されることはある。だからといって、正しい日本語の用法であるとは筆者には思えない。

これと同じことは、私立学校法の改正条文についてもいえる。「停止命令をする」あるいは「解散命令をする」と定めた以下の規定がそれである（傍線部が該当箇所）。

（収益事業の停止）

第百三十四条　（一項、略）

２　所轄庁は、前項の規定による停止命令をするときは、あらかじめ、私立学校審議会等の意見を聴かなければならない。

３　前条第三項から第九項までの規定は、第一項の規定による停止命令をする場合について準用する。この場合において、同条第七項中「第二項」とあるのは、「次条第二項」と読み替えるものとする。

（解散命令）

第百三十五条　（一項、略）

２　所轄庁は、前項の規定による解散命令をするときは、あらかじめ、私立学校審議会等の意見を聴かなければならない。

３　以下、略

記述を省略した右の百三十四条および百三十五条の一項にあるように、「停止を命ずる」あるいは「解散を命ずる」とはいうが、停止命令にせよ解散命令にせよ、命令は「発する」ものであって、「する」ものではない。

解散命令に関しては、もともと現行規定（六十二条）が二項および三項において「解散命令をしようとする場合には」という表現を用いており（百三十五条二項については右のように改められるが、三項については変更なし）、このことが「解散命令をする」との表現につながったともいえる。だが、そうだとしても違和感のあることに変わりはない。

他方、法改正によって、より日本語としてふさわしい表現に改められたケースもなくはない。以下の現行規定にはあった「備えて置く」という表現（傍線部）が「備え置く」と改められたのがそれである。

(寄附行為の備置き及び閲覧)

第三十三条の二　学校法人は、寄附行為を各事務所に備えて置き、請求があった場合には、正当な理由がある場合を除いて、これを閲覧に供しなければならない。

(財産目録の作成及び備置き)

第三十三条の三　学校法人は、設立の時に財産目録を作成し、常にこれをその主たる事務所に備えて置かなければならない。

(財産目録等の備付け及び閲覧)

第四十七条　学校法人は、毎会計年度終了後二月以内に、文部科学省令で定めるところにより、財産目録、貸借対照表、収支計算書、事業報告書及び役員等名簿(理事、監事及び評議員の氏名及び住所を記載した名簿をいう。次項及び第三項において同じ。)を作成しなければならない。

2　学校法人は、前項の書類、第三十七条第三項第四号の監査報告書及び役員に対する報酬等の支給の基準(以下「財産目録等」という。)を、作成の日から五年間、各事務所に備えて置き、請求があった場合(略)には、正当な理由がある場合を除いて、これを閲覧に供しなければならない。

3　略

改正法は、備置きが必要なものを次のように定める(◎の議事録はこれまで私立学校法上明文の規定を欠いていた。なお、義務違反は過料制裁の対象となる。百六十三条三号）が、そのいずれにおいても「備えて置く」といった表現はもはや使用されていない。

○寄附行為　　　　二十七条一・二項　◎理事会の議事録　　四十三条五項
◎評議員会の議事録　七十八条二項　　○計算書類等及び監査報告　百六条一・二項
○財産目録等　　　百七条三・四項

すなわち、理事会の議事録について定めた以下の規定にみるように、改正法においては「備え置かなければならない」という表現が統一して用いられている。

（理事会の議事録）

第四十三条　（一項〜四項、略）

５　学校法人は、理事会の日から十年間、第一項の議事録をその主たる事務所に備え置かなければならない。

６　以下、略

ただ、「備えて置く」という表現を使用した法令は現在なお相当数あり、法令とは異なるが、学校法人の寄附行為（参考例）にも「備えて置かなければならない」等とした規定が数箇所でみられる（「この限りでない」を「この限りではない」とした規定も複数ある）。こうした日本語表記も、今後改めていく必要があろう。

（令和五年七月二十四日）

第三四話　フューチャー・ロー（14）

男女賃金格差の公表——ヨーロッパの模倣？

女性活躍推進法（女性の職業生活における活躍の推進に関する法律）は、「一般事業主による女性の職業選択に資する情報の公表」について、次のように規定している。

（一般事業主による女性の職業選択に資する情報の公表）

第二十条　第八条第一項に規定する一般事業主（常時雇用する労働者の数が三百人を超えるものに限る。）は、厚生労働省令で定めるところにより、職業生活を営み、又は営もうとする女性の職業選択に資するよう、その事業における女性の職業生活における活躍に関する次に掲げる情報を定期的に公表しなければならない。

一　その雇用し、又は雇用しようとする女性労働者に対する職業生活に関する機会の提供に関する実績

二　その雇用する労働者の職業生活と家庭生活との両立に資する雇用環境の整備に関する実績

２・３　略

一項柱書にいう「第八条第一項に規定する一般事業主」とは「国及び地方公共団体以外の事業主」を指し、そこにいう「厚生労働省令」とは「女性の職業生活における活躍の推進に関する法律に基づく一般事業主行動計画等に関する省令」をいう。

当該省令を改正することにより、右の一号の区分に「男女の賃金の差異」を追加する。いわゆる男女賃金格差の公表は、このようにして義務化された。これを条文の形で示すと、次のようになる（傍線部が省令の改正箇所）。

（法第二十条第一項の情報の公表）

第十九条　法第二十条第一項の規定による情報の公表は、次の各号に掲げる情報の区分ごとに第一号イからチまで及び第二号に定める事項のうち一般事業主が適切と認めるものをそれぞれ一以上公表するとともに、第一号リに定める事項を公表しなければならない。

一　その雇用し、又は雇用しようとする女性労働者に対する職業生活に関する機会の提供に関する実績

イ　採用した労働者に占める女性労働者の割合

ロ　男女別の採用における競争倍率

ハ　その雇用する労働者及びその指揮命令の下に労働させる派遣労働者に占める女

性労働者の割合

ニ　係長級にある者に占める女性労働者の割合

ホ　管理職に占める女性労働者の割合

ヘ　役員に占める女性の割合

ト　その雇用する労働者の男女別の職種の転換又はその雇用する労働者の男女別の雇用形態の転換及びその指揮命令の下に労働させる派遣労働者の男女別の雇入れの実績

チ　男女別の再雇用（通常の労働者として雇い入れる場合に限る。）又は中途採用（おおむね三十歳以上の者を通常の労働者として雇い入れる場合に限る。）の実績

リ　その雇用する労働者の男女の賃金の差異

二　略（法二十条一項二号に定める実績）

2　一般事業主が前項の規定により公表する場合においては、……同項第一号リに掲げる事項は、その雇用する全ての労働者に係る実績及び雇用管理区分ごとの実績を、それぞれ公表しなければならない。

3　略（社内制度の概要に係る事項の公表）

4　一般事業主は、第一項又は第三項の規定により公表するに当たっては、おおむね一年に一回以上、公表した日を明らかにして、インターネットの利用その他の方法により、

女性の求職者等が容易に閲覧できるよう公表しなければならない。

また、令和四年七月八日、改正省令の公布と同時に厚生労働省雇用環境・均等局長名で発出された通達「男女の賃金の差異の算出及び公表の方法について」は、右の十九条二項および四項の規定に関連して、男女の賃金の差異（男性の賃金に対する女性の賃金の割合）に関して、事業年度単位で公表すべきデータ（労働者全体の差異に加え、正規雇用労働者およびパート・有期労働者ごとの差異を含む）のほか、公表方法およびその時期について次のように述べるものとなっている。

○　公表の方法

男女の賃金の差異の公表に当たっては、他の情報公表項目と同様に、厚生労働省が運営する「女性の活躍推進企業データベース」や自社ホームページの利用その他の方法により、求職者等が容易に閲覧できるようにすること。

○　公表の時期

各事業主において、各事業年度が終了し、新たな事業年度が開始した後、速やかに公表するものとする。この場合の「速やかに」については、各事業年度が終了した後、おおむね三か月以内とする。

そこで、事業年度を四月一日以降の一年間とする会社や法人の場合、男女の賃金の差異については、令和五年六月三十日までに公表をすませることが当面必要になる。

他方、令和五年一月三十一日には「企業内容等の開示に関する内閣府令」の改正により、有価証券届出書の記載事項について規定する第二号様式中「従業員の状況」に関する部分が改められ、管理職に占める女性労働者の割合および男性労働者の育児休業取得率とともに、「労働者の男女の賃金の差異（女性活躍推進法に基づく一般事業主行動計画等に関する省令第十九条第一項第一号リに掲げる事項であって同条第二項の規定により公表しなければならないものをいう。）」が新たに記載事項として規定されたことによって、これに準じて記載するものとされる、第三号様式に定める有価証券報告書の記載事項についても、同様の記載が必要になった。

したがって、わが国に多い三月決算の会社の場合、金融商品取引法二十四条一項が「当該事業年度経過後三月以内」の有価証券報告書の提出を義務づけていることから、この点においても、令和五年六月三十日までに提出される有価証券報告書が「男女の賃金の差異」について記載した最初のものとなる。

ＥＤＩＮＥＴ（金融商品取引法に基づく有価証券報告書等の開示書類に関するインターネット上の電子開示システム）を通して、その内容を確認することも、人事労務担当者にとってはきわめて有益といえよう。

確かに、男女賃金格差の公表は、これまでヨーロッパを中心に進められてきた取組みであり、欧州連合（ＥＵ）においては、二〇一四年の欧州委員会の勧告を経て、二〇二一年には、二五〇人以上の労働者を使用する使用者に対して、当該格差の公表を義務づけること等を内容とする「賃金の可視化とその履行確保の仕組み（pay transparency and enforcement mechanisms）を通した、男女同一賃金の原則（the principle of equal pay for equal work or work of equal value between men and women）の適用強化を図るための指令案」（a proposal for a Directive／男女賃金格差の公表義務については八条で規定）が欧州議会と欧州理事会に提出され、二〇二三年には指令（Directive（EU）2023/970 of the European Parliament and of the Council of 10 May 2023）が採択されるに至っている。

わが国における今回の措置も、このようなヨーロッパの動向に倣ったもの（模倣）といって差支えはない。

ただ、職務給をベースとする欧州の制度をそのままわが国に導入することに、はたして意味はあるのかという疑問もある。

男女間で職務給の額に差異があれば大きな問題であるが、職務給制度が一般に採用されていないわが国の場合、ことはそう単純ではない。そうした彼我の違いを考慮せず導入に走ったのだとすれば、遺憾というほかない。

（令和五年六月十二日）

第三五話　フューチャー・ロー(15)

ＬＧＢＴ理解増進法の制定とその経緯

令和五年六月二十三日、同年の法律第六十八号として、議員立法である「性的指向及びジェンダーアイデンティティの多様性に関する国民の理解の増進に関する法律」が公布され、即日施行される。いわゆるＬＧＢＴ理解増進法がそれである。

令和五年の通常国会（第二一一回国会）に提出された関係法案は三本。衆議院への提出順にそのタイトルを記すと、次のようになる（傍線は筆者による。以下同じ）。

①　五月十八日提出（衆法第十三号）
　性的指向及び性同一性の多様性に関する国民の理解の増進に関する法律案（自民・公明提出法案）

②　五月十八日提出（衆法第十四号）
　性的指向及び性自認の多様性に関する国民の理解の増進に関する法律案（立憲・共産提出法案）

③　五月二十六日提出（衆法第十六号）

性的指向及びジェンダーアイデンティティの多様性に関する国民の理解の増進に関する法律案（維新・国民提出法案）

傍線部をどう表現するかでわずかに差異はある（いずれも、英訳はgender identity）ものの、これが「自己の属する性別についての認識に関するその同一性の有無又は程度に係る意識をいう」と定義されている点（各法律案の二条二項を参照）では違いはない（厳密には、②の場合、「その同一性」が「性同一性」となる）。

国会では、①が③の規定内容を取り入れる形で修正の上、可決・成立をみることになる（②は否決）が、各法案の違いを象徴するものとして、以下にみる一条の目的規定がある。

（目的）

第一条　この法律は、性的指向及び性同一性の多様性に関する国民の理解の増進に関する施策の推進に関し、基本理念を定め、並びに国及び地方公共団体の役割等を明らかにするとともに、基本計画の策定その他の必要な事項を定めることにより、性的指向及び性同一性の多様性を受け入れる精神を涵養し、もって性的指向及び性同一性の多様性に寛容な社会の実現に資することを目的とする（①自民・公明提出法案）。

（目的）

第一条　この法律は、全ての国民が、その性的指向又は性自認にかかわらず、等しく基本的人権を享有するかけがえのない個人として尊重されるものであるとの理念にのっとり、性的指向及び性自認を理由とする差別は許されないものであるとの認識の下に、性的指向及び性自認の多様性に関する国民の理解の増進に関する施策の推進に関し、基本理念を定め、並びに国及び地方公共団体の役割等を明らかにするとともに、基本計画の策定その他の必要な事項を定めることにより、性的指向及び性自認の多様性を受け入れる精神を涵(かん)養し、もって性的指向及び性自認の多様性に寛容な社会の実現に資することを目的とする（②立憲・共産提出法案）。

（目的）

第一条　この法律は、性的指向及びジェンダーアイデンティティの多様性に関する国民の理解が必ずしも十分でない現状に鑑み、性的指向及びジェンダーアイデンティティの多様性に関する国民の理解の増進に関する施策の推進に関し、基本理念を定め、並びに国及び地方公共団体の役割等を明らかにするとともに、基本計画の策定その他の必要な事項を定めることにより、性的指向及びジェンダーアイデンティティの多様性を受け入れる精神を涵(かん)養し、もって性的指向及びジェンダーアイデンティティの多様性に寛容な社会の実現に資することを目的とする（③維新・国民提出法案、可決法案に同じ）。

③の傍線部（二重線）は、②の冒頭部分に代わるものとして追加された。三つの規定をこのように並べて比較すると、条文の確定に至るこうした経緯がよくわかる（①と比べる

だけでは、③の二重線で示した傍線部が追加された理由が判然としない）。

仮に、②の立憲・共産提出法案にあるように「全ての国民が、その性的指向又は性自認にかかわらず、等しく基本的人権を享有するかけがえのない個人として尊重されるものであるとの理念にのっとり、性的指向及び性自認を理由とする差別は許されないものであるとの認識の下に」等と言い切ってしまうと、差別とは何かが定義されていない本法の場合、差別の範囲が極端に拡がるおそれがある。

可決法案の一条が③の維新・国民提出法案の規定を丸呑みした背景には、そうした判断があった。

確かに、①の自民・公明提出法案も、基本理念について規定した三条では「全ての国民が、その性的指向又は性同一性にかかわらず、等しく基本的人権を享有するかけがえのない個人として尊重されるものであるとの理念にのっとり、性的指向及び性同一性を理由とする不当な差別はあってはならないものであるとの認識の下に」と定めていた。

③の維新・国民提出法案や可決法案もこれに倣うものとなったが、右の傍線部（太線）を一条と同様に「差別は許されない」と表現した②の立憲・共産提出法案とは、この点において明らかに違っていた。このような表現の相違にも留意する必要があろう。

なお、ＬＧＢＴ理解増進法は、維新・国民提出法案のすべてを丸呑みする形で可決・成立をみたというわけでは必ずしもない。例えば、以下にみる規定（網掛け部分）がそれである。

（事業主等の努力）

第六条　一項（略）

2　学校（学校教育法（略）第一条に規定する学校をいい、幼稚園及び特別支援学校の幼稚部を除く。以下同じ。）の設置者は、基本理念にのっとり、性的指向及びジェンダーアイデンティティの多様性に関するその設置する学校の児童、生徒又は学生（以下この項及び第十条第三項において「児童等」という。）の理解の増進に関し、家庭及び地域住民その他の関係者の協力を得つつ、教育又は啓発、教育環境の整備、相談の機会の確保等を行うことにより性的指向及びジェンダーアイデンティティの多様性に関する当該学校の児童等の理解の増進に自ら努めるとともに、国又は地方公共団体が実施する性的指向及びジェンダーアイデンティティの多様性に関する国民の理解の増進に関する施策に協力するよう努めるものとする。

（知識の着実な普及等）

第十条　一・二項（略）

3　学校の設置者及びその設置する学校は、当該学校の児童等に対し、性的指向及びジェンダーアイデンティティの多様性に関する理解を深めるため、家庭及び地域住民その他の関係者の協力を得つつ、教育又は啓発、教育環境に関する相談体制の整備その他の必要な措置を講ずるよう努めるものとする。

（措置の実施等に当たっての留意）

第十二条　この法律に定める措置の実施等に当たっては、性的指向又はジェンダーアイデンティティにかかわらず、全ての国民が安心して生活することができることとなるよう、留意するものとする。この場合において、政府は、その運用に必要な指針を策定するものとする。

このうち、六条二項および十条三項については、網掛け部分が、維新・国民提出法案では「保護者の理解と協力を得て行う心身の発達に応じた」となっていた。

これらの条文にいう「児童等」には大学の学生も含まれることから、「保護者」では狭きに失し、地域住民等の関係者（周りの学生を含む）の協力も得る必要がある。このような観点からの修正でもあったように思われる。

また、十二条については、維新・国民提出法案にはなかった網掛け部分が新たに追加されるものとなっている。差別の範囲の極端な拡大にいかに歯止めをかけるか。同条に規定する指針への期待は大きいといえよう。

（令和五年九月十一日）

第三六話　フューチャー・ロー（16）

ＬＧＢＴ理解増進法と男女別施設（浴場・トイレ等）

令和五年四月二十八日、同日開催された衆議院内閣委員会では、ＬＧＢＴの理解増進に関する法案の国会提出に先立って、公明党の國重徹委員（衆議院議員）と佐々木昌弘政府参考人（厚生労働省大臣官房生活衛生・食品安全審議官）および伊佐進一厚生労働副大臣との間で、次のようなやりとりがあった。

○國重委員　（略）

公衆浴場、いわゆる銭湯や旅館等の宿泊施設の共同浴室について、現在それぞれ衛生等管理要領が定められておりまして、その中で男女別の定めがされています。これらは風紀の観点から混浴禁止を定めていることから、男女の別は身体的な特徴の性をもって判断することとされていると、事前に政府の方からも説明を受けております。

そこで、念のため確認をさせていただきたいんですけれども、これらの共同浴場における男女の判断基準はトランスジェンダーにも当てはまる、つまり、トランスジェンダーの場合も性自認ではなくて身体的特徴に基づいて判断することになると理解をしていますけれども、これで間違いないかどうか、答弁を求めます。

○佐々木政府参考人　お答えいたします。

公衆浴場や宿泊施設の共同浴場につきましては、厚生労働省が管理要領を定めております。具体的には、公衆浴場における衛生等管理要領や旅館業における衛生等管理要領になります。この中で、おおむね七歳以上の男女を混浴させないことなどと定めております。この要領で言う男女は、風紀の観点から混浴禁止を定めている趣旨から、トランスジェンダーの方も含め、身体的な特徴の性をもって判断するものであり、公衆浴場等の営業者は、体は男性、心は女性の方が女湯に入らないようにする、こういう必要があると考えております。

実際の適用につきましては、都道府県等が条例を定めております。この条例によって、基本的にこの要領と同じような形で男女の浴室を区別し、混浴を禁止しているものと承知しております。

○國重委員　トランスジェンダーの方であっても、心ではなくて身体的特徴で判断するというようなことだったと思います。

では、共同浴場において、先ほど答弁いただいたとおり、風紀の観点から心の性ではなくて身体的特徴をもって男女を区別する、このような現在行われている取扱いというのは憲法十四条に照らしても差別に当たらないと、念のため確認しますが、差別に当たらないということで間違いないかどうか、答弁を求めます。

○伊佐副大臣　憲法十四条、いわゆる法の下の平等でありますが、この原則が規定されております。この趣旨としては、合理的な理由なしに区別をすることを禁止するという趣旨でございます。

つまり、合理的と認められる範囲内の区別を否定するものではないというふうに理解をしておりまして、先ほど委員御指摘の、公衆浴場における入浴者については男女を身体的な特徴の性をもって判断するというこの取扱いは、風紀の観点から合理的な区別であるというふうに考えられております。憲法第十四条に照らしても差別に当たらないものというふうに考えております。

（以下、略）

また、ＬＧＢＴ理解増進法（性的指向及びジェンダーアイデンティティの多様性に関する国民の理解の増進に関する法律）が公布・施行された令和五年六月二十三日には、右の会議録抜粋を参考資料として含む「公衆浴場や旅館業の施設の共同浴室における男女の取扱いについて」と題する厚生労働省医薬・生活衛生局生活衛生課長名の通知（薬生衛発〇六二三第一号）が、都道府県等の衛生主管部（局）長宛てに発出される。

そして、同通知の参考資料からは、佐々木政府参考人の答弁にある「公衆浴場における衛生等管理要領」や「旅館業における衛生等管理要領」（いずれも平成十二年十二月十五日付け生衛発第一八一一号厚生省生活衛生局長通知「公衆浴場における衛生等管理要領等について」に別添）における「おおむね七歳以上の男女を混浴させないこと」以外の具体的な規定内容も知ることができる。

つまり、前者の要領には、公衆浴場の浴室について「男女を区別し、その境界には隔壁を設け、相互に、かつ、屋外から見通しのできない構造であること」が、後者の要領には、旅館等が「共同浴室を設ける場合は、原則として男女別に分け、各一か所以上のものを有すること」がそれぞれ規定されていた。

他方、職場における①睡眠・仮眠の設備、②休養室や休養所、および③便所については「男性用と女性用に区別」して、これを設けなければならない旨の規定が、厚生労働省の所管する省令である労働安全衛生規則（安衛則）（①六百十六条一項、②六百十八条、③六百二十八条一項一号）や、事務所衛生基準規則（事務所則）（①二十条一項、②二十一条、③十七条一項一号）には置かれている。

これらの設備についても、男女の区別は、心の性ではなく、その身体的特徴をもって、これまでなされてきたといえる。

第三五話で言及した立憲・共産提出法案の提出者の一人である共産党の宮本岳志衆議院議員も、令和五年六月九日に開催された衆議院内閣委員会では、「そもそも、今回の理解増進法案は、三案とも、女性専用スペースや男女別施設の利用基準やルールを変更するものではありません」と答弁しており、この点に関する限り、一定のコンセンサスが形成されていたといって差支えはない。

確かに、令和三年十二月一日に公布・施行された「事務所衛生基準規則及び労働安全衛生規則の一部を改正する省令」により、労働者数が常時十人以内である場合には、男女の区別がない「独立個室型の便所の特例」を認めるものとなっている（事務所則十七条の二第一項、安衛則六百二十八条の二第一項）。

だが、これがあくまで例外にとどまることは、同日付けの厚生労働省労働基準局長名の施行通達（基発一二〇一第一号）が事務所則十七条の二第一項について、次のように述べていることからもわかる。

曰く、「作業場に設置する便所については、作業場の規模にかかわらず男性用と女性用に区別して設置することが原則である。一方で、住居として使用することを前提として建築された集合住宅の一室を作業場として使用している場合など、便所が一箇所しか設けられておらず、建物の構造や配管の敷設状況から、男性用便房、男性用小便所、女性用便房の全てを設けることが困難な場合もある。このような場合についても例外なく、便所を男性用と女性用に区別して設置する原則を適用した場合、作業場の移転や便所の増設に必要なスペースを確保することによる作業環境の悪化などが生ずるおそれがあることから、同時に就業する労働者の数が常時十人以内である場合は、独立個室型の便所を設置した場合に限り、例外的に男女別による設置は要しないこととしたものである」（安衛則の改正に関しても、これと「同様である」とする）。

こうした原則と例外＝特例の関係についても、注意を払う必要があろう。

以上、いずれにせよ、ことトイレに関しては、「男性用と女性用に区別して」これを設置することが現行省令に定める原則であって、このような区別のない「独立個室型」のトイレは例外でしかなかった（なお、労働者数が常時十人を超える場合に「独立個室型トイレ」を設置するときも、事務所則十七条の二第二項や安衛則六百二十八条の二第二項の定めによる制限を受ける）。

まして、女性用トイレをその身体的特徴が男性である者が使用するなどといったことは、想定すらされていなかった。

このような従前の「常識」が今、多少とも覆りつつある。そのきっかけとなったのが、**経済産業省職員（性同一性障害）事件＝令和五年七月十一日最高裁第三小法廷判決**（以下、トランスジェンダー最高裁判決ともいう）であるが、同判決については、**第三七話**以降で検討することとしたい。


（令和五年九月二十五日）

第三七話　フューチャー・ロー（17）

トランスジェンダー最高裁判決㈠　行政措置要求と人事院の判定

「生物学的な性別が男性であり性同一性障害である旨の医師の診断を受けている一般職の国家公務員がした職場の女性トイレの使用に係る国家公務員法八十六条の規定による行政措置の要求を認められないとした人事院の判定が違法とされた事例」。

裁判所のＨＰによれば、**経済産業省職員（性同一性障害）事件＝令和五年七月十一日最高裁第三小法廷判決**の判決要旨は、このようになる。

このことに関連して、「性同一性障害者の性別の取扱いの特例に関する法律」は、二条で「この法律において『性同一性障害者』とは、生物学的には性別が明らかであるにもかかわらず、心理的にはそれとは別の性別（以下『他の性別』という。）であるとの持続的な確信を持ち、かつ、自己を身体的及び社会的に他の性別に適合させようとする意思を有する者であって、そのことについてその診断を的確に行うために必要な知識及び経験を有する二人以上の医師の一般に認められている医学的知見に基づき行う診断が一致しているものをいう」と定義している。

また、同法三条は、戸籍上の性別の取扱いを変更するために必要となる家庭裁判所の審判について、現在、次のように規定している（戸籍法二十条の四を併せ参照）。

（性別の取扱いの変更の審判）

第三条　家庭裁判所は、性同一性障害者であって次の各号のいずれにも該当するものについて、その者の請求により、性別の取扱いの変更の審判をすることができる。

一　十八歳（注：令和四年三月三十一日までは「二十歳」）以上であること。

二　現に婚姻をしていないこと。

三　現に未成年の子（平成二十年十二月十七日までは「子」）がいないこと。

四　生殖腺（せん）がないこと又は生殖腺の機能を永続的に欠く状態にあること。

五　その身体について他の性別に係る身体の性器に係る部分に近似する外観を備えていること。

２　前項の請求をするには、同項の性同一性障害者に係る前条の診断の結果並びに治療の経過及び結果その他の厚生労働省令で定める事項が記載された医師の診断書を提出しなければならない。

なお、本件の場合、上告人（一審原告）Ｘは、健康上の理由から性別適合手術を受けていない。

他方、判決要旨にいう行政措置の要求に関連して、国家公務員法第三章第六節第三款第一目には、以下にみるような規定が置かれている。

(勤務条件に関する行政措置の要求)

第八十六条　職員は、俸給、給料その他あらゆる勤務条件に関し、人事院に対して、人事院若しくは内閣総理大臣又はその職員の所轄庁の長により、適当な行政上の措置が行われることを要求することができる。

(事案の審査及び判定)

第八十七条　前条に規定する要求のあつたときは、人事院は、必要と認める調査、口頭審理その他の事実審査を行い、一般国民及び関係者に公平なように、且つ、職員の能率を発揮し、及び増進する見地において、事案を判定しなければならない。

(判定の結果採るべき措置)

第八十八条　人事院は、前条に規定する判定に基き、勤務条件に関し一定の措置を必要と認めるときは、その権限に属する事項については、自らこれを実行し、その他の事項については、内閣総理大臣又はその職員の所轄庁の長に対し、その実行を勧告しなければならない。

これらの規定（特に八十八条）をみてもわかるように、人事院の判定はそれがいわゆる認容判定となる場合であっても、勧告的意見の域を出るものではない。

分に当たるとする。にもかかわらず、判例は、行政措置要求に対する判定は、取消訴訟の対象となる行政処

静岡県人事委員会事件＝昭和三十六年三月二十八日最高裁第三小法廷判決がそれである。

すなわち、判決は、先にみた国家公務員法八十六条に相当する地方公務員法四十六条について、これが「実体法上具体的な措置の請求権を認める趣旨のものでないことは所論のとおりである」としつつ、同条は「職員の措置要求に対し、適法な手続で、かつ、内容的にも、裁量権の範囲内における適法な判定を与うべきことを職員の権利乃至法的利益として保障する趣旨の規定と解すべきものであり、違法な手続でなされた棄却決定また裁量権の限界を越えてなされた棄却の決定は、同条により認められた職員の権利を否定するものとして、職員の具体的権利に影響を及ぼすわけであるから、右棄却決定が取消訴訟の対象とする行政処分に当るものと解すべきことは、原判示のとおりである」とする。

判決はまた、「委員会の判定の内容は、多くの場合、勧告的意見の表明であって、それ自体で、直接職員の勤務条件に影響を及ぼすものでなく、それ自体としては一種の行政監督的作用を促す効果をもつに過ぎないことも所論のとおりである」としつつ、「勧告的意見にせよ、人事行政の専管機関である委員会が、法律の規定に基き正規の手続で意見を表明した場合には、この意見の表明がない場合に比して職員が法的にもいつそう有利な地位に置かれることは否定し得ないところであって、かかる効果を伴う意見の発表を要求し得る法

的地位を職員に認めた以上、この意見の発表を要求し得べき職員の権能は、一種の個人的権利乃至法的利益と解するに妨げがなく、右意見の発表を違法に拒否する委員会の決定は、右の個人的権利乃至法的利益を害する意味において、違法な行政処分と解さざるを得ない」とも述べる。

人事院の判定についても、これと同様に解されているといってよい。今回の**経済産業省職員（性同一性障害）事件**においても、人事院の判定が取消訴訟の対象となる行政処分に当たることはもはや当然の前提として審理が進められており、争点とはなっていない。

ちなみに、国家公務員の場合、勤務条件に関する行政措置要求は、受付件数、処理件数ともに年間一一件程度にとどまっており、約八割が取下げや却下によって終結している。判定までいくケースは、年間二件程度にすぎない（以上、人事院『公務員白書』各年版による。平成二十一年度から令和四年度までの一四年間の平均）。それゆえ、取消訴訟といっても、その数は限られている。

ただし、以上いずれにせよ、ことはそれほど単純な話ではない。例えば、今回の事件の場合、最高裁は、判決主文の第一項で次のようにいう。

一　原判決中、人事院がした判定のうちトイレの使用に係る部分の取消請求に関する部分を破棄し、同部分につき被上告人の控訴を棄却する。

このことは、実質的には、次のように述べる一審判決（**令和元年十二月十二日東京地裁**

判決）の主文第一項が「復活」することを意味している（傍線は筆者による）。

一　人事院が……した国家公務員法（略）第八十六条の規定に基づく原告による勤務条件に関する行政措置の各要求に対する……判定のうち原告が女性トイレを使用するためには性同一性障害者である旨を女性職員に告知して理解を求める必要があるとの経済産業省当局による条件を撤廃し、原告に職場の女性トイレを自由に使用させることとの要求を認めないとした部分を取り消す。

その結果、行政事件訴訟法三十三条二項の定めるところにより、人事院は右の「判決の趣旨に従い」、新たな判定（処分）を行うことが必要になる。

とはいえ、生物学上の男性であるXに対して、女性トイレの使用を――執務室から二階以上離れていることという条件付きのものとはいえ――認めたこと（このような特例措置が講じられること自体が、異例のことであった）を含め、Xに対する経済産業省の対応には、**第三八話**でみるようにそれなりの理由があった。

だとすれば、傍線部にあるXの要求をそのまま認めるような新たな判定は、できればしたくない。それが「処分行政庁」である人事院の正直な感想だったのではなかろうか。

（令和五年十月九日）

第三八話　フューチャー・ロー（18）

トランスジェンダー最高裁判決㈡　最高裁が言及しなかった事実

最高裁は、**経済産業省職員（性同一性障害）事件＝令和五年七月十一日第三小法廷判決**において、上告人（一審原告）Ｘが執務階から二階以上離れた階の女性トイレを使用するに至った経緯について、次のように述べる。

「Ｘは、平成二十一年七月、上司に対し、自らの性同一性障害について伝え、同年十月、経済産業省の担当職員に対し、女性の服装での勤務や女性トイレの使用等についての要望を伝えた。これらを受け、平成二十二年七月十四日、経済産業省において、Ｘの了承を得て、Ｘが執務する部署の職員に対し、Ｘの性同一性障害について説明する会（略）が開かれた。担当職員は、本件説明会において、Ｘが退席した後、Ｘが本件庁舎の女性トイレを使用することについて意見を求めたところ、本件執務階の女性トイレを使用することについては、数名の女性職員がその態度から違和感を抱いているように見えた。そこで、担当職員は、Ｘが本件執務階の一つ上の階の女性トイレを使用することについて意見を求めたところ、女性職員一名が日常的に当該女性トイレも使用している旨を述べた」。

「本件説明会におけるやり取りを踏まえ、経済産業省において、Xに対し、本件庁舎のうち本件執務階とその上下の階の女性トイレの使用を認めず、それ以外の階の女性トイレの使用を認める旨の処遇（略）を実施することとされた」。

「Xは、本件説明会の翌週から女性の服装等で勤務し、主に本件執務階から二階離れた階の女性トイレを使用するようになった」。

だが、右の説明は、経済産業省（経産省）がXの執務階とその上下の階の女性トイレの使用を認めなかった経緯を説明したものとはいえるが、経産省がなぜXに対してそれ以外の階の女性トイレの使用を認めたのか。その理由を説明したものとはなっていない。

「経産省による本件トイレに係る処遇等は、Xが性別適合手術を受けるまでの暫定的措置として実施」された。一審（令和元年十二月十二日東京地裁判決）における被告＝国の主張によれば、経産省がXに女性トイレの使用を認めた背景にはこのような事情があった。また、このことに関連して、原審（令和三年五月二十七日東京高裁判決）では、次のような事実が認定されている。つまり、Xから「女性用休憩室及び女性用トイレの使用を認めること」を含む要望事項が伝達された平成二十一年「十月二十三日には、Xから近い将来に性別適合手術を受けることを希望しており、そのためには職場での女性への性別移行も必要であるとの文書が提出」されていたとの事実がそれである。

本件の場合、平成二十二年六月から七月にかけて省内で検討され、Xに口頭で伝えられた経産省の対応方針は、女性用休息室は「使用して差し支えない」、女性用「トイレの使用については認めるが、他の職員への配慮の観点から、限定して使用するよう本人に促す(例えば、一階の来客者が使用するトイレや障害者用トイレなどの執務室から離れたトイレの使用。)」というものであったが、同月十四日の説明会における意見聴取を経て、上記のような形でその内容が確定する。

ここにいう障害者用トイレとは、Xが執務する経産省別館の「二階、三階、五階、八階、一〇階及び一一階の中央にそれぞれ設置されていた」多目的トイレ(「高齢者、障害者等の移動等の円滑化の促進に関する法律施行令」十四条一項一号に規定する車椅子使用者用便房をいう)を指す。

このほか、「別館には、男女別のトイレが地下一階から地上一一階までの各階の北側、中央及び南側の三か所に」設置されていたが、「経産省は、Xに対し、［執務階である九階を含む］八階から一〇階までの女性用トイレの使用を認めなかった」。

こうして、「Xは、体調が優れないときには、別館一〇階に在る女性用仮眠室を使用」するとともに、トイレについては「主に別館七階及び一一階の女性用トイレを日常的に使用するようになり」、多目的トイレは、結局使用しなかったという。

他方、本件の場合、Xが近い将来に性別適合手術を受けるという前提があればこそ、女性用休憩室（仮眠室を含み、休息室と同義）や女性用トイレの使用を経産省が認めた、という事実にも着目する必要がある。

性別適合手術を受けるためには、その前に「職場での女性への性別移行」の一環として女性用トイレ等の使用を認めることが必要になる。こうしたＸの主張をもとにした経産省の判断が、そこにはあったのである（なお、峰隆之「遊筆　令和五年七月十一日最高裁判決につき感じていること」『労働判例』一二九〇号（令和五年九月十五日号）二頁も、以上の事実を重視する）。

このような事情を知らずに、最高裁判決の次のような判示部分（結論部分）だけを読むと、事実関係について誤った印象をいだく可能性もある。

「Ｘは、……本件処遇の下において、自認する性別と異なる男性用のトイレを使用するか、本件執務階から離れた階の女性トイレ等を使用せざるを得ないのであり、日常的に相応の不利益を受けているということができる。

一方、Ｘは、健康上の理由から性別適合手術を受けていないものの、女性ホルモンの投与や《略》を受けるなどしているほか、性衝動に基づく性暴力の可能性は低い旨の医師の診断も受けている。現に、Ｘが本件説明会の後、女性の服装等で勤務し、本件執務階から二階以上離れた階の女性トイレを使用するようになったことでトラブルが生じたことはない。また、本件説明会においては、Ｘが本件執務階の女性トイレを使用することについて、担当職員から数名の女性職員が違和感を抱いているように見えたにとどまり、明確に異を唱える職員がいたことはうかがわれない。さらに、本件説明会から本件判定に至るまでの約四年一〇か月の間に、Xによる本件庁舎内の女性トイレの使用につき、特段の配慮をすべき他の職員が存在するか否かについての調査が改めて行われ、本件処遇の見直しが検討されたこともうかがわれない。

以上によれば、遅くとも本件判定時（注：平成二十七年五月二十九日）においては、Xが本件庁舎内の女性トイレを自由に使用することについて、トラブルが生ずることは想定し難く、特段の配慮をすべき他の職員の存在が確認されてもいなかったのであり、Xに対し、本件処遇による上記のような不利益を甘受させるだけの具体的な事情は見当たらなかったというべきである。そうすると、本件判定部分に係る人事院の判断は、本件における具体的な事情を踏まえることなく他の職員に対する配慮を過度に重視し、Xの不利益を不当に軽視するものであって、関係者の公平並びにXを含む職員の能率の発揮及び増進の見地から判断しなかったものとして、著しく妥当性を欠いたものといわざるを得ない」。

補足意見のなかには「徒らに性別適合手術の実施に固執することなく、施設管理者等として女性職員らの理解を得るための努力を行い、漸次その禁止を軽減・解除するなどの方法も十分にあり得たし、また、行うべきであった」とするもの（渡邉惠理子裁判官の補足意見）もあったが、経産省は理由もなく「徒らに性別適合手術の実施に固執」していたわけではない。

「近い将来に性別適合手術を受ける」との〝約束〟があったから、手術を受けない理由をその都度確認していたにすぎない。

仮にそうした〝約束〟がなければ、トイレについては、多目的トイレの使用が選択肢としては限度であったようにも思われる。本件の場合、多目的トイレは先にみたようにＸの執務階の一階上および一階下にもあり、経産省の対応がその使用にとどまるものであったとしても、Ｘに過大な負担を強いるものではなかった。

「現在も、トイレ等の男女別施設については身体的性別又は戸籍上の性別に従って利用するという社会通念が存在しており、性同一性障害者が自認する性別に応じた男女別施設を利用することについて、必ずしも国民一般においてこれを無限定に受容する土壌が形成されているとまではいい難い状況にある」。

こうした一審被告の主張は、もはや過去のものとなったのであろうか。

（令和五年十月二十三日）

第三九話　フューチャー・ロー（19）

トランスジェンダー最高裁判決㈢　経団連の調査が明らかにする事実

「被告は、我が国においては、性同一性障害の者が自認する性別に応じた男女別施設を利用することについて、必ずしも国民一般においてこれを無限定に受容する土壌が形成されているとまではいい難い状況にある」旨を指摘するところ、「我が国や諸外国において、法律上の性別変更をしていないトランスジェンダーによるトイレ等の男女別施設の利用については、多目的トイレや男性と女性の双方が使用することのできるトイレの使用等を提案し、推奨する考え方も存在するところであって、必ずしも自認する性別のトイレ等の利用が画一的に認められているとまではいい難い状況にある」。

「しかしながら、生物学的な区別を前提として男女別施設を利用している職員に対して求められる具体的な配慮の必要性や方法も、一定又は不変のものと考えるのは相当ではなく、性同一性障害である職員に係る個々の具体的な事情や社会的な状況の変化等に応じて、変わり得るものである。したがって、被告の指摘に係る上記のような状況を前提としても、そのことから直ちに上記のような性同一性障害である職員に対して自認する性別のトイレの使用を制限することが許容されるものということはできず、さらに、当該性同一性障害である職員に係る個々の具体的な事情や社会的な状況の変化等を踏まえて、その当否の判断を行うことが必要である」。

経済産業省職員（性同一性障害）事件において、一審（**令和元年十二月十二日東京地裁判決**）は、このようにいう。こうした考え方は、**第三八話**でみた最高裁判決（**令和五年七月十一日最高裁第三小法廷判決**）の判旨にも共通してみられるといってよい。

だが、トランスジェンダーによるトイレの利用については、その大半が「多目的トイレや男性と女性の双方が使用することのできるトイレの使用」を提案し、推奨するものにとどまっているという現実がある。

例えば、このことに関連して、一審は次のような事実を指摘する。「経団連が平成二十九年三月に実施した『ＬＧＢＴへの企業の取り組みに関するアンケート』の調査結果（調査対象：経団連会員企業一三八五社及び一五六団体）によれば、『ＬＧＢＴに関して、何らかの取り組みを実施しているか』との質問に対し、『既に実施』と回答した企業が四二・一％、『検討中』と回答した企業が三四・三％、『予定なし』と回答した企業が二三・二％（回答数：二三二）、『既に実施』又は『検討中』と回答した企業の取組のうち、三九・三％が『性別を問わないトイレ等職場環境の整備』に該当するものであり（回答数：一七七、複数回答可)、『既に実施』と回答した企業が実施している具体的な取組のうちトイレに係る取組は、別紙のとおりであった」。

より正確にいえば、「既に実施」と回答した企業は九五社、そのなかで「別紙(トイレに係る取組の一覧)」に記載された企業は三三社、うち「希望する性のトイレの利用」を挙げた企業はわずかに一社。具体的な取組の内容が示されていない二社を除く三〇社が、名称は区々に分かれるものの、多目的トイレを含む性別に関係なく利用できるトイレの設置を、取組の例として挙げていた。

にもかかわらず、一審は、先の引用部分に続けて、次のように述べる。『既に実施』と回答した企業のうち少なくとも一社においては、身体的性別が男性であり、自認している性別が女性であるトランスジェンダーの従業員で、性同一性障害者特例法第三条第一項に規定する性別の取扱いの変更の審判を受けていない者に対して、女性用トイレの使用を認めた例が複数あり、その中には、他の従業員に当該従業員が性同一性障害であることの説明等を行わずに女性用トイレの使用を認めた例もあった」(傍線は筆者による)。

とはいえ、トランスジェンダーの男性に対する女性トイレの利用に関する右の記述は、経団連のHPでも公表されたアンケート調査結果にはない。

アンケート調査の結果は、乙号証として、被告=国によって提出され、右の引用部分にある事実認定は「調査嘱託の結果」に基づいている。判決文に括弧書きで摘示された証拠からは、このようなファクトが読み取れる。

性別適合手術を受けていないトランスジェンダーの男性に対しても、説明会など開かずに、女性用トイレの使用を認めた例がある。そうした本件とは異なる対応策の存在を示すことに、調査嘱託の目的はあったといえる。

本件の場合、原審（令和三年五月二十七日東京高裁判決）においても、右と同様の事実認定がなされているが、傍線部の記述がなぜかカットされたため、トランスジェンダーの男性に対する女性トイレの利用が複数の企業で認められていると誤解される余地を残すものとなっている。判決の結論に影響を与えるものではなかったとはいえ、ケアレスミスですまされる問題ではない。

最高裁判決では、こうした事実について言及がなかったものの、これが「上告裁判所を拘束」する「原判決において適法に確定した事実」（民事訴訟法三百二十一条一項）といわれると言葉に窮する。そんなアクシデントでもあった。

アンケート調査の結果をもとに、経団連が平成二十九年五月十六日付けで公表した提言「ダイバーシティ・インクルージョン社会の実現に向けて」は、次のようにいう（傍線は原文にあったもの）。

⑤ハード面での職場環境の整備

性別を問わないトイレの設置等、ＬＧＢＴが働きやすい職場設備を整備。

具体例
・トランスジェンダーの場合、本人が希望する性で会社生活ができるよう環境を整備。性別の扱いを変更した際には、健康診断の個別実施、ユニバーサルトイレの利用推奨等の対応を実施。

同時に公表された提言の【概要】では、「多目的トイレの設置」のみが例示されており、提言にいう「性別を問わないトイレの設置等」の「等」に「希望する性のトイレの利用」を含めることには無理がある。

経団連の会員企業でさえ、多目的トイレ＝性別を問わないトイレの設置に現に取り組んでいる企業は、ごく少数にすぎない。

それゆえ、「希望する性のトイレの利用」はもとより、多目的トイレの設置についても、これがマストではないことを明確にする必要がある。そうした含みのある「等」であったと考えるべきであろう（なお、「希望する性のトイレの利用」に言及した一社も、実際には多目的トイレに加え「希望する性のトイレ」を例として示すにとどまっている）。

以上を要するに、経団連が推奨したのは、あくまで「多目的トイレの設置」であって、「希望する性のトイレの利用」ではなかった。このことも失念すべきではない。

ところで、事務職の国家公務員とかかわる本件の場合、トイレを「男性用と女性用に区別して」設置することを事業者に義務づけた事務所衛生基準規則（その内容については、

第三六話を参照）が準用されていた（人事院規則一〇―四（職員の保健及び安全保持）十五条およびその運用通知を参照）という事実がある。

しかるに、一審は「その身体的性別又は戸籍上の性別と同じ性別のトイレを使用させることを義務付けたり、トイレを使用する者がその身体的性別又は戸籍上の性別と異なる性別のトイレを使用することを直接的に規制する法令等の規定は、見当たらない」として、トイレの使用については、庁舎管理権を行使する「経産省（経済産業大臣）」の判断にもっぱら委ねられていた旨、判示する。

一審の判決文には、「被告も同旨の主張をしている」との注意書きもあったが、仮に公衆浴場や旅館等の共同浴場と同様に「男女の別は身体的な特徴をもって判断する」こと（**第三六話**を参照）が〝原則〟として明確にされていれば、経産省も条件付きにせよ生物学上の男性に対して女性用トイレの使用を認めることにはもう少し慎重であったろうし、判決の内容や結論も違っていた。筆者にはそう思えてならない。

（令和五年十一月十三日）

第四〇話　フューチャー・ロー（20）

余録　トランスジェンダー最高裁判決と外国法——アメリカ法の現状

行政措置要求に係る判定取消請求については、一審の判断を維持する一方で、国家賠償請求については、原審の判断を尊重（審理の対象から排除）する。

最高裁は、**経済産業省職員（性同一性障害）事件＝令和五年七月十一日第三小法廷判決**において、このようにしてある種のバランスをとったともいえる。

具体的には、主文第一項で「原判決中、人事院がした判定のうちトイレの使用に係る部分の取消請求に関する部分を破棄し、同部分につき被上告人の控訴を棄却する」とともに、主文第二項で「上告人のその余の上告を棄却する」。

主文第三項で「訴訟の総費用は、これを一〇分し、その一を被上告人の負担とし、その余を上告人の負担とする」として、訴訟費用の負担割合が、これを被告二〇分の三、原告二〇分の一七とする一審とは異なるものとなったのも、原審の国家賠償請求に関する判断が一審とは相違していたことに、その理由があった。

つまり、経済産業省（経産省）がその職員であり、トランスジェンダーの男性である一審原告Ｘに対して、その執務階から二階以上離れた階の女性用トイレの使用しか認めなかったことは「国家賠償法上、違法の評価を免れない」というのが一審（**令和元年十二月十二日東京地裁判決**）の判断であったが、原審（**令和三年五月二十七日東京高裁判決**）は、このような評価に与せず、最高裁も原審の判断に従った。

その結果、国家賠償については、Ｘの請求額が一千万円を優に超えるものであったのに対して、一審における認容額は、弁護士費用を含め一三二万円となり、原審におけるそれは「経産省の対応方針から明らかに逸脱して」いるとされた「なかなか手術を受けないんだったら、もう男に戻ってはどうか」という室長の発言のみを対象とした一一万円となる（一審が賠償請求を認めた関係者の発言も、理由は異なるが、この一件にとどまる）。

先にみた最高裁判決における訴訟費用の負担割合の一審判決との差異は、この違いによる（なお、原審は「訴訟費用は第一、二審を通じ、一審原告の負担とする」として、一審被告の負担割合をゼロとしていた）。

しかし、「被上告人の控訴を棄却」した最高裁判決の主文第一項により、事実上復活をとげた、「原告に職場の女性トイレを自由に使用させることとの要求を認めないとした部分を取り消す」とした一審判決の主文第一項は、これが生物学上の男性であるトランスジェンダーによる女性トイレの自由利用を意味するとすれば、さすがに行き過ぎとの感を免れない。それが大方の感想であろう。

確かに、一審判決の説示にもあるように、諸外国には「トランスジェンダーによる性自認に応じたトイレ等の男女別施設の利用」を認める動きもみられる。

とはいえ、「諸外国の状況」とはいっても、その記述は、大部分が右のような「先進的」動きに焦点を当てたものとなっており、そこで取り上げられた国も、アメリカ、カナダ、イギリス、ニュージーランドおよびスペインの五か国に限られている。

記述の大半を占める「トランスジェンダーによる自認する性別のトイレ等の利用」に関する法令等の情報は、事実上、トイレ等の利用を認める国からしか得られない。その結果だと考えると、わかりやすい。

他方、これらの国においても、国論までが統一されていたわけではない。

例えば、アメリカの場合、連邦の差別禁止法は、雇用差別を禁止した公民権法第七編(Title VII of the Civil Rights Act of 1964)を始め、州法の動向とは異なり、今日なお性的指向(sexual orientation)や性自認(gender identity)を理由とする差別を明文の規定をもって禁止するものとはなっていない。

法文中の"sex"を"sex(including sexual orientation and gender identity)"と改めることを主眼とする法改正(平等法 Equality Act の制定)によって、性的指向や性自認を理由とする差別禁止の明文化を目指す動きは、これまでにもあったとはいえ、いずれも失敗に終わっている。

首尾よく法案が下院を通過しても、上院において、議事妨害：フィリバスター(filibuster)をやめさせるための討論終結：クローチャー（cloture）に必要な六〇名の議員の賛成票を得ることができなければ、審議未了・廃案となる。二〇一九年や二一年の連邦議会では、そんな経過をたどった。

もし法改正が実現していれば、公民権法にも、性自認に関連して「個人は、トイレ、ロッカールーム、更衣室等、その性自認に応じた共有施設へのアクセスを拒否されないものとする」（an individual shall not be denied access to a shared facility, including a restroom, a locker room, and a dressing room, that is in accordance with the individual's gender identity.）と定める明文の規定が置かれていた。

結局のところ、連邦議会は、自らの意思でそのような法改正を認めず、現状維持を選択した。こう考えることも可能であろう。

しかるに、こうしたなか、連邦最高裁は、〝司法立法〟ともいうべき行動に出る。**二〇二〇年六月十五日の連邦最高裁判決**（Bostock v. Clayton County）がそれである。

事案は、ホモセクシュアル（ゲイ）またはトランスジェンダーであることのみを理由として従業員が解雇されたというものであったが、最高裁は、六対三の多数をもって、当該解雇は公民権法第七編に違反する（性差別に当たる）とした。

ただ、その一方で法廷意見は、アリト裁判官（Alito, J.）が反対意見のなかで示した懸念に答える形で、大要次のようにいう。

本件は、あくまでも解雇とかかわる事件であって、「性の違いによって区分されたトイレ、ロッカールーム、服装規定」(sex-segregated bathrooms, locker rooms, and dress codes) に係る法違反の問題について、前もって判断するものではない（we do not prejudge any such question today.）。

そうした問題に関する判断は、将来の裁判に委ねられる（questions for future cases）。それが、連邦最高裁のオフィシャルな見解であった。

このことに関連して、**経済産業省職員（性同一性障害）事件**の一審判決には、「アメリカ合衆国連邦最高裁判所は、平成二十八年（注：二〇一六年）八月三日、身体的性別が女性であり、性別適合手術を受けていないトランスジェンダーの高校生に対し、通学する高校における男性用トイレの使用を認めた原判決の命令を暫定的に停止する旨の判断を示した」との記述がある。

だが、二〇二一年六月二十八日には、連邦最高裁がわが国の上告受理申立てに相当する裁量的上告の申立て（certiorari）を受理しなかったことから、トランスジェンダーの「女子」高校生に対して男性用トイレの使用を認めた連邦控訴裁判所判決が確定する、という逆のケースもあった。

ロイター通信は、右の事例を「トランスジェンダーの生徒が勝訴。連邦最高裁、トイレ使用に関する上告を認めず」（Transgender student wins as U.S. Supreme Court rebuffs bathroom appeal.）との見出しのもとに報じたことから、このリードを字義どおりに理解した者も少なくなかったに違いない。

しかしながら、暫定命令にせよ、上告申立不受理の決定（a decision to deny certiorari）にせよ、判決とは違って、最高裁の確定的な判断を示したものではない。

なお、ＬＧＢＴに関する判決といえば、性的指向による差別を禁止した州法のもとで、合衆国憲法修正一条に規定する言論の自由を根拠として、ウェッブデザイナーが自身の宗教上の信念（biblical truth）に反する同性婚向け婚活サイト（seeking wedding websites）の作成を拒否することを認めた、**二〇二三年六月三十日の連邦最高裁判決**（303 Creative LLC v. Elenis／六対三の判決）もある。このような事実にも目を向ける必要があろう。

（令和五年十一月二十七日）

第二部　随想編

—Essay and Talk

Ⅰ　労働時間の減少に歯止めを

労働者数の増加に伴って、労働者数と労働時間数との積（マン・アワー）で表わされる労働投入量も増える。

このような環境のもとで、アメリカの経済成長は実現をみた。

二〇〇七年、つまりリーマン・ショックが世界を震撼させた二〇〇八年の一年前から、新型コロナ問題が一段落した二〇二二年までの一五年間に、同国の民間部門の労働者数は一二・六％（約一四六〇万人）増加。この間、一人当たりの労働時間数にはほとんど変化がみられなかった（概ね週三四時間台で推移）ため、労働投入量も同じ割合で増えた計算になる（以上、U.S. Bureau of Labor Statistics, Employment Situations による）。

他方、わが国においても、この二〇〇七年から二〇二二年までの一五年間に、民間事業所（規模五人以上）の常用労働者数は一六・〇％（約七〇〇万人）増加したものの、一人当たりの労働時間数が九・七％減少（年間一八〇八時間から一六三三時間に減少）したことから、労働投入量の伸びは労働者数の伸びの三分の一を下回る四・七％にとどまった。

その背景には、月間出勤日数の大幅な減少（一九・四日から一七・六日に九・三％減）がある（以上、厚生労働省「毎月勤労統計調査（確報）」による。以下、表1～表3（二〇二三年のデータも付記）を併せ参照）。

このような特徴は、パートタイム労働者の場合に一層顕著なものとなる。すなわち、労働者数が四〇・四％（四七〇万人弱）増加したにもかかわらず、一人当たりの労働時間数が一五・三％減少（年間一一二八時間が九五五時間に減少）したため、労働投入量は一八・九％増と伸び悩んだ。

この間、地域別最低賃金の引上げ（全国加重平均の六八七円が九六一円に三九・九％増）もあって、一時間当たりの給与額が上昇する（一〇一三円が一二八二円に二六・六％増）なか、年収を一定範囲に抑えるため、出勤日数を調整する（月間出勤日数は一六・四日が一三・八日に一五・九％減）。「年収の壁」といわれる問題がそこにはあった。

二〇二二年現在、パートタイム労働者の現金給与総額は、年収に換算して平均約一二三万五〇〇〇円。その額は「一〇三万円の壁」と「一三〇万円の壁」の中間に位置しており、パートの多くがこれらの壁を意識して就業調整を行っていることがわかる。

ただし、労働投入量が労働者数の伸びに追いついていないという状況は、程度の差こそあれ、パートタイム労働者だけでなく、一般労働者（パートタイム労働者を除く常用労働者）にもみられる。

つまり、一般労働者の場合、一五年間に労働者数は七・四％（約二四〇万人）増加したのに対して、労働投入量は二・一％の伸びを示したにすぎない。

二〇二二年における一般労働者の年間総実労働時間は一九四八時間。働き方改革の成果というべきか、一九年以降、四年連続して二〇〇〇時間を切ることになった（二二年の月間出勤日数は一九・四日。こちらも、四年連続で二〇日を下回っている）。

こうしたなか、一般労働者の労働投入量は二〇二二年現在、一九年のそれと比べても、これを下回るもの（マン・アワーにして約三億六五四〇万時間減）となっている（なお、この間に一般労働者の数は、少ないながらも約三五万人増加している）。

労働時間は短ければ短いほどよい、というわけではない。労働時間の減少に歯止めをかける。わが国の活力を支える持続的な経済成長を可能にするためにも、その検討が必要といえよう。

（『労働判例』令和五年七月十五日号、遊筆「労働問題によせて」）

表1　常用労働者の就労状況の推移

	総実労働時間／月	A　年間総実労働時間		B　労働者数（千人）		労働投入量（A×B）		月間出勤日数		現金給与総額／月		1時間当たりの給与額		最低賃金（全国加重平均）	
2007年	150.7	1,808.4	100.0	44,272	100.0	80,061,484,800	100.0	19.4	100.0	330,313	100.0	2191.9	100.0	687	100.0
2022年	136.1	1,633.2	90.3	51,342	116.0	83,851,754,400	104.7	17.6	90.7	325,817	98.6	2394.0	109.2	961	139.9
2023年	136.3	1,635.6	90.4	52,282	118.1	85,512,439,200	106.8	17.6	90.7	329,778	99.8	2419.5	110.4	1,004	146.1

表2　一般労働者の就労状況の推移

	総実労働時間／月	A　年間総実労働時間		B　労働者数（千人）		労働投入量（A×B）		月間出勤日数		現金給与総額／月		1時間当たりの給与額		最低賃金（全国加重平均）	
2007年	170.6	2,047.2	100.0	32,713	100.0	66,970,053,600	100.0	20.5	100.0	413,342	100.0	2422.9	100.0	687	100.0
2018年	167.5	2,010.0	98.2	34,426	105.2	69,196,260,000	103.3	20.0	97.6	423,464	102.4	2528.1	104.3	874	127.2
2019年	164.8	1,977.6	96.6	34,772	106.3	68,765,107,200	102.7	19.7	96.1	425,203	102.9	2580.1	106.5	901	131.1
2020年	160.4	1,924.8	94.0	35,326	108.0	67,995,484,800	101.5	19.4	94.6	417,453	101.0	2602.6	107.4	902	131.3
2021年	162.1	1,945.2	95.0	35,662	109.0	69,369,722,400	103.6	19.5	95.1	419,500	101.5	2587.9	106.8	930	135.4
2022年	162.3	1,947.6	95.1	35,120	107.4	68,399,712,000	102.1	19.4	94.6	429,051	103.8	2643.6	109.1	961	139.9
2023年	163.5	1,962.0	95.8	35,426	108.3	69,505,812,000	103.8	19.5	95.1	436,806	105.7	2671.6	110.3	1,004	146.1

表3　パートタイム労働者の就労状況の推移

	総実労働時間／月	A　年間総実労働時間		B　労働者数（千人）		労働投入量（A×B）		月間出勤日数		現金給与総額／月		1時間当たりの給与額		最低賃金（全国加重平均）	
2007年	94.0	1,128.0	100.0	11,558	100.0	13,037,424,000	100.0	16.4	100.0	95,209	100.0	1012.9	100.0	687	100.0
2022年	79.6	955.2	84.7	16,223	140.4	15,496,209,600	118.9	13.8	84.1	102,078	107.2	1282.4	126.6	961	139.9
2023年	79.3	951.6	84.4	16,856	145.8	16,040,169,600	123.0	13.6	82.9	104,567	109.8	1318.6	130.2	1,004	146.1

出所）厚生労働省「毎月勤労統計調査（年平均、確報）」（事業所規模５人以上、産業計）

Ⅱ　人口減少社会における労働問題を考える

一　はじめに――人口からみた世界と日本

世界の人口は、およそ八〇億人といわれています。アメリカには「センサス・ビューロー」という日本の総務省統計局に当たる役所があり、そのデータでは約七九億五〇〇〇万人となっていますが、国連の統計では、二〇二二年十一月に八〇億人に到達したと報道されました。後述するように、世界の人口は一年に八〇〇〇万人ぐらい増えています。八〇〇〇万人というのは、日本の人口を一億二〇〇〇万人とすると、その三分の二に相当します。

また、インドの人口が間もなく中国を上回り、世界一になるといわれています。センサス・ビューローのデータでは、インドは一三億人台となっており、中国とはまだ一四〇〇万人程度の差がありますが、インドが中国を人口で追い抜くのは時間の問題といえます。一方、中国は年間出生者数が一〇〇〇万人を割ったと報じられており、人口減少社会に入っています。

一〇〇〇万人という数字は非常に大きい数字にみえますけれども、中国の人口が一四億人で、日本が一億二〇〇〇万人とすると、日本に置き換えた場合、八〇万人台ということになります。したがって、中国で出生者数が一〇〇〇万人というのは、出生者数が八〇万人前後となる日本と、実際にはそれほど違いがないことがわかります。

さらに、センサス・ビューローのデータによると、アメリカでは、九秒に一人子どもが生まれている。日本の場合は、私が計算したところ、四〇秒に一人にしかなりません。アメリカでは一〇秒に一人、人が亡くなっていますが、日本の場合はこれが二三秒に一人となっています。

移民大国であるアメリカでは、移民も二九秒に一人増えており、トータルでは、二三秒に一人、人口が増えている計算になります。その結果、アメリカでは、大雑把にいうと、一年に人口が二五〇万人ぐらい増えている。とすると、二〇五〇年頃には人口が四億人を超えることになります。

日本の場合、四〇秒に一人子どもが生まれ、二三秒に一人亡くなっているということから、人口が減っていることがわかるのですが、何秒に一人生まれ、亡くなるのかは、一年を秒数に換算した約三一五〇万秒（三六〇〇秒×二四×三六五）を年間の出生者数および死亡者数で割って、計算しました。

ところで、人口が一億人以上の国が世界には現在一四か国あります。近年、低下傾向にある日本の順位は、現在一一位。中国とインドの順位が入れ替わるとしても、一、二位が中国、インドで、三位が人口三億三四〇〇万人のアメリカ。私の学生時代には、アメリカの人口は日本の二倍で考えればよかったのですが、現在では二・七倍になっています。四位がインドネシア。そして、パキスタン、ナイジェリア、ブラジルと、ここまで二億人台の国が続きます。八位がバングラデシュ。次いでロシア、メキシコ、そして日本、さらにエチオピア、フィリピン、エジプト。ここまでが一億人台で、計一四か国となります。ベトナムは九九〇〇万人で、間もなく一億人に達するのではないかと思います。とすると、大体一五か国の人口が一億人以上と考えてよいでしょう。

学生にソ連崩壊当時のことを話すと、きょとんとした顔をします。ソ連の崩壊は一九九一年で、三〇年以上も前。当然二〇代の学生は知りません。ソ連崩壊当時、わが国の人口は世界第七位でした。二〇〇一年、つまり二一世紀の最初の年までは、何とか一桁台を維持していたのですが、直近ではメキシコに抜かれて、一一位（【後記】その後、エチオピアにも抜かれて、現在は一二位）となっています。

それから、欧米と一口にいっても、ヨーロッパには、人口一億人以上の国はありません。ドイツの人口が一番多くて八〇〇〇万人台。次はイギリス、フランス、イタリアの順で六〇〇〇万人台。前述のように、アメリカの人口は三億三四〇〇万人で、人口・面積ともに世界第三位ということになります。

二　人口減少社会とは――急速に進む少子高齢化

①―１　人口動態統計（厚生労働省）からわかること――二〇二一年（確定数）

厚生労働省の人口動態統計（二〇二一年の確定数）では、出生数は、過去最少の八一万一六二二人。一人の女性が一生に産む子供の数を表わす合計特殊出生率も、一・三〇まで低下しました。死亡数は増加して、戦後最多で一四三万九八五六人を記録しました。

要するに、一年に生まれる子どもが八〇万人いるかどうかという一方で、亡くなる人が一四〇万人を超えているということです。当然、差し引きすると、自然増ではなく自然減となります。自然減とは、出生者の数より死亡者の数が上回っている状態を指します。こうした状態が一五年連続して続いています。今や一年間に、六〇万人以上人口が自然減という形で減っているわけです。

日本の人口が自然減に転じた、すなわち死亡数が出生数を上回ったのはいつかというと、二〇〇五年です。わずかに人口が増えた二〇〇六年を挟んで、二〇〇七年以降一五年連続で人口が減少しています。

第二次大戦後の一九四六年から一九五五年まで、あるいは東京オリンピックが開かれた一九六四年から一九七八年までの間は、一九六六年を除き、一〇〇万人を超える自然増がありました。丙午（ひのえうま）の年に当たる一九六六年も、出生数でみると現在の倍ぐらいあって一四〇万人弱ですけれども、やはり前後の年と比べるとかなり減って、七〇万人を少し下回る自然増にとどまりました。

一九六六年に暦が一巡する六〇年を足せば、二〇二六年となります。今年が二〇二三年ですから、三年後に丙午の年がやってくる。実際のところ、この年にどこまで人口が減少するかはわかりません。そうでなくても人口が減少しているのに、二〇二六年には、さらに輪をかけて減る可能性すらあるというわけです。

①―2　人口動態統計月報（概数）（厚生労働省）からわかること――二〇二二年（年計）

人口動態統計で、二〇二二年の「年計」の数値をみると、一四三万九八〇九人の死亡者中、七〇歳以上の高齢者がその九割近く、八六・四パーセントを占めています。新型コロナウイルス感染症についても、高齢者の死亡率が高いとよくいわれますが、高齢者の死亡率が高いのは新型コロナに限ったことではありません。死亡者全体でみても、当然のことながら七〇歳以上の高齢者が占める割合は高い。

厚生労働省が公表している「データからわかる新型コロナウイルス感染症情報」によれば、二〇二三年一月三十一日現在、新型コロナウイルス感染症による死亡者に占める七〇歳以上の高齢者の割合は八九・三パーセントとなっており、死亡者全体に占める七〇歳以上の高齢者の割合である八六・四パーセントと大きな違いはありません。

②―１　人口推計（総務省統計局）からわかること――二〇二一年十月一日現在

人口推計で最も多く引用されるのは、毎年十月一日現在のものです。

これによると、二〇二一年十月一日現在、総人口は前年比で六四万四〇〇〇人の減少。減少幅は、比較可能な一九五〇年以降最も大きく、一〇年連続で拡大しました。

また、二〇二一年十月一日当時の総人口が一億二五〇〇万人台であったのに対して、日本人人口は一億二二〇〇万人台にとどまり、総人口と同様、前年に比べ、やはり六〇万人を超える減少を余儀なくされています。

その結果、日本人人口も一〇年連続で減少幅が拡大し、男女別でみると、男性が三一万四〇〇〇人、女性が二九万四〇〇〇人の減少となっています。

他方、日本人人口は、三年ぶりに「社会減」も記録しました。「社会減」とは、入国者数から出国者数を引いて、それがプラスであれば「社会増」となり、マイナスであれば「社会減」となります。

なお、日本の人口が一億人、一億一〇〇〇万人、一億二〇〇〇万人をそれぞれ超えたのはいつかというと、一九六七年に一億人を突破し、七年後の一九七四年に一億一〇〇〇万人、さらにその一〇年後の一九八四年に一億二〇〇〇万人を超えるという経過をこれまでたどってきました。

■一九五〇年と二〇二〇年の比較

一九五〇年から二〇二〇年までの七〇年間というロングタームで考えると、どうなるか。この間に、総人口は一・五倍に増えています。一億人を突破したのは前述したように一九六七年で、一九五〇年はまだ九〇〇〇万人台にも達していません。それが二〇二〇年には一億二六一四万六〇〇〇人ということで一・五倍になりました。

一五歳未満の年少人口は、この七〇年間に二九四三万人から一五〇三万二〇〇〇人へと半減していますが、生産年齢人口（一五歳以上六四歳以下）は、ちょうど総人口と同じ一・五倍に増えました。ただ、ピーク時と比べると、一倍を大きく割り込む〇・八六倍となっています。

また、六五歳以上の老年人口は、この七〇年間に四一一〇万九〇〇〇人が三六〇二万七〇〇〇人となり、九倍に増えています。このうち七五歳以上の人口は、一〇五万七〇〇〇人から一八六〇万二〇〇〇人へと、なんと一八倍に増加しています。

その結果、日本は一五歳未満人口を一〇〇とした六五歳以上人口の指数である老年化指数が二〇〇を超える唯一の国となっています。イタリアが一八二・六、ドイツが一五九・二。これに対してアメリカは八六・一で、いまだに一五歳未満人口が六五歳以上人口を上回っています。

②―2　人口推計（総務省統計局）からわかること――二〇二三年一月一日現在

人口推計によると、二〇二三年一月一日現在、総人口は概算値で一億二四七七万人となり、一億二五〇〇万人を切っています。その少し前に、二〇二二年八月一日現在の確定値が公表されているのですけれども、当時はまだ一億二五〇〇万人を維持していました。ただ、この確定値でみても、総人口のうち一五歳未満人口は減少し、生産年齢人口も減少している。これに対して、六五歳以上人口は、前年に比べて増加しているという状況にあります。

先に述べたように、日本人人口は、現在一億二二〇〇万人台となっています。前年と比べると六〇万人以上、二年間で一〇〇万人以上減少しました。二〇一六年までは一億二五〇〇万人台を維持し、二〇一七年、二〇一八年には一億二四〇〇万人台、二〇一九年、二〇二〇年には一億二三〇〇万人台をキープしていたのですが、今や一億二二〇〇万人台にまで減少したというわけです。

三　平均余命と平均寿命――二〇二一年簡易生命表（厚生労働省）

「平均寿命」とは、〇歳児の平均余命のことをいいます。二〇二一年の簡易生命表によると、七〇歳男性の平均余命は一五・九六年、七〇歳女性では二〇・三一年。男女間で四歳強の開きがあります。

男性の七五歳生存率は、今や七六パーセントと四分の三を超え、九〇歳でも二七・五パーセントと四分の一を上回っています。一方、女性の七五歳生存率は九割近く、八八・三パーセントとなっており、九〇歳でも五二・〇パーセントと半数を超えています。

二〇二一年には、男性の平均寿命が〇・〇九年、女性の平均寿命が〇・一四年、前年を下回りました。前年を下回ったのは、男女とも一〇年ぶりですけれども、平均寿命自体は、過去二番目に高い水準にあります。

ただ、前年を下回ったとはいっても、他の国に比べると、わずかなレベルにとどまっています。例えば、アメリカでは、ニュースにもなりましたけれど、平均寿命が二年間で一気に三年ぐらい短くなってしまいました。日本とは桁が違う。新型コロナウイルス感染症の影響が強く出たのだと思います。ニューヨーク州では、なんと一年間で三年も平均寿命が短くなったとのことです。ソ連が崩壊した一因は、平均寿命が短くなったことにあるといわれていますが、それとよく似た状況にある。日本は、そこまで深刻な状況にはなく、前年を若干下回った程度にすぎません。

男性の平均寿命が八〇歳を超えたのは二〇一五年。女性は一九八五年で、男性より三〇年早い。次頁の**表1**にみるように、男性の平均寿命は世界第三位、女性は世界第一位。

ここからも、日本の高齢化が世界に先駆けて進んでいることがわかります。

表1　平均寿命の国際比較

男性			女性		
第一位	スイス	八一・六〇年	第一位	日本	八七・五七年
第二位	ノルウエー	八一・五九年	第二位	韓国	八六・五〇年
第三位	日本	八一・四七年	第三位	シンガポール	八五・九〇年

（注）韓国（二〇二〇年）を除き、二〇二一年。

四　少子高齢化の社会に対する影響

①　労働力調査（総務省統計局／基本集計）からわかること

Ａ　一〇年前の観察——二〇一三年まで

■常用労働者と家族従業者の比率

以下、四つの時期に分けて、労働力調査（基本集計）の結果をみていきます。まず、一〇年前、つまり二〇一三年までということでみると、常用雇用者の比率は二〇一三年が最高で、一方で女性の家族従業者の比率が急減していることがわかります。

就業者に占める雇用者の割合のことを、雇用者比率といいます。一九五三年の雇用者比率は四二・四パーセントで、就業者に占める自営業主の割合は二五・三パーセント、家族従業者は三二・三パーセントとなっていました。このように、雇用者比率も当時は五割を切っていました。これが一九七八年を除いて上昇を続け、二〇一三年には八八パーセントを記録します。また、後に述べるように、二〇〇六年には雇用者比率の男女比も逆転し、女性のほうが高くなりました。

現在、労働力調査では常用雇用者のデータは採っていないのですが、就業者に占める常用雇用者の割合は、二〇一三年には八〇・五パーセント、女性でも七八・五パーセントと、それまでの最高を記録しました。

家族従業者というのは、英語でファミリー・ワーカー、正確には「アンペイド」がその前に付き、要するに賃金をもらっていない従業者のことをいいます。女性の場合、かつてはそのような家族従業者が非常に多かった。一九五九年には就業者の五割近く、四四・七パーセントが家族従業者でした。それが二〇一三年には、五・三パーセントにまで低下しています。男女雇用機会均等法が公布された一九八五年当時は、家族従業者がまだ女性の就業者の五人に一人、二〇・〇パーセントを占めていました。

近年、雇用が不安定化したとよくいわれますが、これはかなりバイアスのかかった見方ではないかと思います。つまり、常用雇用者の割合は確実に増えています。家族従業者はそもそも「アンペイド」、無給であったことを考えると、一概に「雇用」が不安定化したとはいえません。

■非正規雇用の割合

報道では、「パート」「派遣」というように一括りに表現されることがしばしばあります。ただ、そもそもパートと派遣ではスケールが違います。二〇一三年の労働力調査（基本集計）によれば、非正規の職員・従業員に占めるパートの割合は四八・七パーセントと五割近いのに対して、派遣の割合は六・一パーセントにとどまっています。

二〇一三年当時、労働力調査の月次データが公表されると、その都度、また非正規雇用が増加した、雇用が不安定化したという見出しの記事が新聞に掲載され、男性若年労働者の写真がきまって添えられていました。しかし、正確さに欠ける報道であったといえます。非正規雇用の増加は、当時、実際にはその九割以上が高齢化で説明できたからです。

総務省統計局の就業構造基本調査によると、二〇〇七年から二〇一二年の五年間で一五二万八五〇〇人、非正規雇用が増加しています。そのうち六〇歳以上は一四一万四〇〇〇人で、全体の九二・五パーセントを占めていました。男性は九六・三パーセント、女性は九〇・二パーセント。二〇〇七年は、ちょうど団塊の世代が初めて六〇歳に到達した年です。そのこともあって、このようなパーセンテージになったわけです。

B　八年前の観察――二〇一四年度平均

■労働力人口の構成（非正規の内訳等）

男女雇用機会均等法が制定された頃、雇用者に占める男女の割合は、ロクヨン（六対四）といわれていました。それが二〇一四年度には、男性四対女性三の割合に変化します。さらに役員を除く雇用者の割合では五対四の割合となります。

また、二〇一四年度の非正規の職員・従業員は、男性が約六〇〇万人であるのに対して、女性が一三〇〇万人超と、全体の三分の二以上を女性が占めていました。ただ、よく誤解されるのですけれども、非正規雇用と有期雇用は違います。当時でも、有期雇用は非正規雇用より五〇〇万人近く、四六〇〇万人も少なかったのです。

確かに、女性の場合、非正規率、つまり役員を除く雇用者に占める非正規の職員・従業員の割合は五六・四パーセントと、五割をかなり上回っているのですが、役員を除く雇用者に占める有期雇用者の割合、つまり有期雇用率では、三八・八パーセントと、四割を下回っています。非正規雇用と有期雇用の差は、女性の場合、人数にして四二〇〇万人。すなわち、非正規と有期の差の大半を女性が占めていることがわかります。

なお、役員を除く雇用者に占める派遣のシェアは二パーセント台。これは、どこの国でも大体同じなのです。なぜそうなるのかは、私にもわかりません。

■雇用者の構成（正規・非正規と無期・有期の関係等）

有期と非正規は違うといいましたが、二〇一四年度現在、有期だが正規という雇用者も一三〇万人いました。その三分の二を男性が占め、六〇歳以上の男性が多くなっています。一方、非正規だが無期という雇用者は五八八万人、女性が八割弱で、その六割は主婦という構成になっています。

八四三万人を数える女性パート、特に主婦パートが非正規の主役であって、法政策を考えるに当たっても、やはりこの層を中心に考えるべきではないか。男性の若年層を念頭において考えると、政策を誤るのではないかと思います。

■雇用者の年齢別構成

二〇一四年度における雇用者の年齢別構成をみると、男女計では一五～一九歳の若年層を除いて、五九歳までの年齢層で正規が非正規を上回っています。六〇歳以上になると、六〇歳定年が多いことから、正規と非正規の関係が逆転することになります。二五歳以上五九歳以下では、正規が非正規を大幅に上回る男性についても、同じことがいえます。

また、非正規の四人に一人は六〇歳以上です。男性の場合は、その割合がなんと四割を超える四一パーセントにまで上昇します。六〇歳以上の男性の場合、契約社員や嘱託が多いのも、女性にはみられない特徴です。

C　四年前の観察——二〇一八年九月／コロナ禍前の状況

■堅調に推移する労働市場

コロナ禍前の二〇一八年九月の話ですが、以下ではこの時点における労働力調査（基本集計）の結果についてお話したいと思います。

当時は、何か月連続で就業者数が増えた、雇用者数が増えた、という話がずっと続いていました。二〇一八年九月の調査結果には六九か月連続とありました。完全失業者数は一六二万人で、前年同月に比べて二八万人減少とあり、こちらも一〇〇か月連続の減少を記録するものでした。

完全失業率は二・三パーセント。この二パーセント台という数値は、わが国の場合、コロナ禍でもほとんど変わりませんでした。労働力調査には、基本集計以外に詳細集計というのがあって、詳細集計は四半期ごとに行っているのですが、二〇一八年の第3四半期（七〜九月期）の結果をみると、役員を除く雇用者のうち、正規の職員・従業員が前年同期比で六五万人増加しています。一方で、非正規も六八万人増加しています。

リーマン・ショックが二〇〇八年で、それからちょうど一〇年経ったのが二〇一八年です。この一〇年間に、就業者数は三七八万人増加しました。そのうち三〇五万人の増加は、女性によるものです。また、雇用者数は四五四万人増加しましたが、うち二五四万人を女性が占めています。つまり、今や労働市場の動向の鍵を握っているのは女性なのです。

ここまで就業者数が増えると、労働力人口が増加に転じたとしても何ら不思議ではありません。従来は一九九七年六月に就業者数、労働力人口ともにピークに達したとされていましたが、二〇一八年になってこの記録も塗り替えられました。

具体的には二〇一八年十二月に、当時では過去最高となる就業者数および労働力人口を記録しています。同年九月の数値をみても、それに近い水準を維持していました。ただ、このような状況は、もっぱら女性の就業者数、なかでも雇用者数の増加によってもたらされたものであることに注意する必要があります。

以前ピークだといわれた一九九七年当時と二〇一八年のデータを比べると、このことがはっきりわかります。以下の**表２**にみるように、労働力人口、就業者数および雇用者数のすべてにおいて女性が増加する一方で、男性は減少しているのです。

表２　一九九七年六月と二〇一八年九月（季節調整値）の比較

	男　性	女　性
労働力人口	二三三万人減	二四五万人増
就業者数	一九三万人減	二七四万人増
雇用者数	一五万人減	五四九万人増

二〇一八年八月の「労働力調査（基本集計）」では、女性についても生産年齢人口に占める就業者の割合が、初めて七〇パーセントを記録したということでニュースになりました。男性の場合は、確かに女性より高い八四・一パーセントだったのですが、女性もそれに一歩近づく七〇パーセント台の時代を迎えました。

女性の場合、統計にいう役員を除く雇用者に占める非正規の職員・従業員の割合は、男性に比べ、格段に高いのは事実です。例えば、二〇一八年八月現在、男性の非正規率が二二・六パーセントであるのに対して、女性は六割近い五五・九パーセントとなっています。ただ、二〇一三年から二〇一七年までの四年間における推移でみると、正規の職員・従業員、いわゆる正社員について男女のどちらが多く増えたかといえば、女性が八四万人増、男性が三七万人増と、女性の増加数が男性を上回っていました。とはいうものの、一方で非正社員もそれに匹敵する規模で増えたため、非正規率にこの間、ほとんど変化はみられませんでした。

■止められない少子高齢化

これまで統計の話をしてきましたが、統計をみる際に非常に重要なことがあります。それは、統計は過去の事実がどうであるかを語るものでしかないということです。直近のデータがいかに良好なものであっても、その延長で将来を考える、それが未来永劫にわたって続くと考えるのは間違っています。例えば、雇用者数が増えているとはいっても、こうした状態がずっと続くかというと、そんなことはあり得ない話であって、一気に減る可能性も十分にあります。

総務省の人口推計によると、二〇一一年以降、わが国の総人口は七年連続で減少し、二〇一七年時点で対象を日本人に限ると、人口の減少幅も七年連続で拡大を続けたことになります。その背景には、いうまでもなく少子高齢化の急速な進展があります。二〇一六年から二〇一七年の一年間だけをとっても、一五歳未満の年少人口が一九万人減少する一方で、六五歳以上の老年人口は五六万人も増加している。他方、生産年齢人口の減少数は、老年人口の増加数をさらに上回る六〇万人を数えるものとなっています。

要するに、六年近くの間、就業者数や雇用者数の増加が続いていたとはいえ、それは、あくまでこれまではそうであったという話にすぎません。現在もそうです。コロナ禍でいったんは就業者数や雇用者数が減ったものの、また少し増えて、今最高を記録しています。しかし、このままでは就業者数等も、近い将来、再び減少に転じる可能性が高い。ですから、現在の数字だけをみると絶好調なのですけれども、早晩、減少に転じることは避けられないと思います。

第二次安倍晋三内閣が、当時外国人労働者の大幅な受入れ拡大に踏み切ったのは（実際は新型コロナとぶつかってあまり増えなかったわけですが）、当座の人手不足の解消だけではなく、このような将来予測が念頭にあったのではないかと思います。雇用者数の減少が何に最も影響するかというと、社会保障費です。防衛費とは規模が違います。

安倍首相の外交関係のライターを長年務められた谷口智彦さんの著書『安倍晋三の真実』（悟空出版、二〇一八年）には、「日本が社会保障のため出しているおカネの総額は、世界五大軍事大国（注：米国、中国、ロシア、サウジアラビア、フランス）の軍事予算の総合計に、ほとんど匹敵している」と書かれています。米ドルに換算すると、ともに一兆一〇〇〇億ドル前後となります。今、円安に振れてますから、少し数字は変わってくるかもしれませんが。

「高齢社会白書」によると、社会保障給付費のなかで、高齢者関係の給付が全体の七割近くを占めてます。なかでも、年金の問題が大きいわけです。

D　現状――二〇二二年平均

二〇二三年一月三十一日に公表された二〇二二年の労働力調査（年平均）によると、就業者数は、二〇一九年の六七五〇万人に次ぐ六七二三万人を記録しました。うち、女性は、過去最多の三〇二四万人でした。就業者のうち六五歳以上は九一二万人です。男性が五三八万人（全就業者の一四・五パーセント）、女性が三七五万人（同一一・四パーセント）で、ともに過去最多となりました。

こうしたなか、男女計の就業率は、一五～二四歳層を除くすべての年齢階級で、過去一〇年間上昇を続けてきました。六〇歳台後半層でも、就業率は五割を超えています。

生産年齢人口に占める女性の就業者の割合が七〇パーセントを超えてニュースになったと前に述べましたけれども、二〇二二年には、七二・四パーセントまで増えています。雇用者は過去最多の六〇四一万人で、二〇一九年の六〇二八万人を上回っています。一方、男性だけをみると、二〇一九年の三三九五万人をピークに、二〇二二年には三三七六万人に減少しています。他方、女性は二七六五万人で過去最多となっています。

また、二〇二二年の就業者に占める雇用者の割合は、男性が八八・六パーセントであるのに対して、女性は九一・四パーセントとなっています。二〇〇五年までは、男性の雇用者比率が女性を上回っていたのですが、二〇〇六年に男女比が逆転し、女性の雇用者比率は二〇一六年以降、九〇パーセントを上回る数値を記録しています。男性の雇用者比率は、まだ九〇パーセント台に届いていません（次頁の**図１**を参照）。

二〇二二年における雇用者の男女比は五四対四六で、役員を除く雇用者では五三対四七というところまできました。

他方、二〇二二年には、非正規の職員・従業員が二六万人増加する一方で、正規の職員・従業員も前年より一万人増えています。

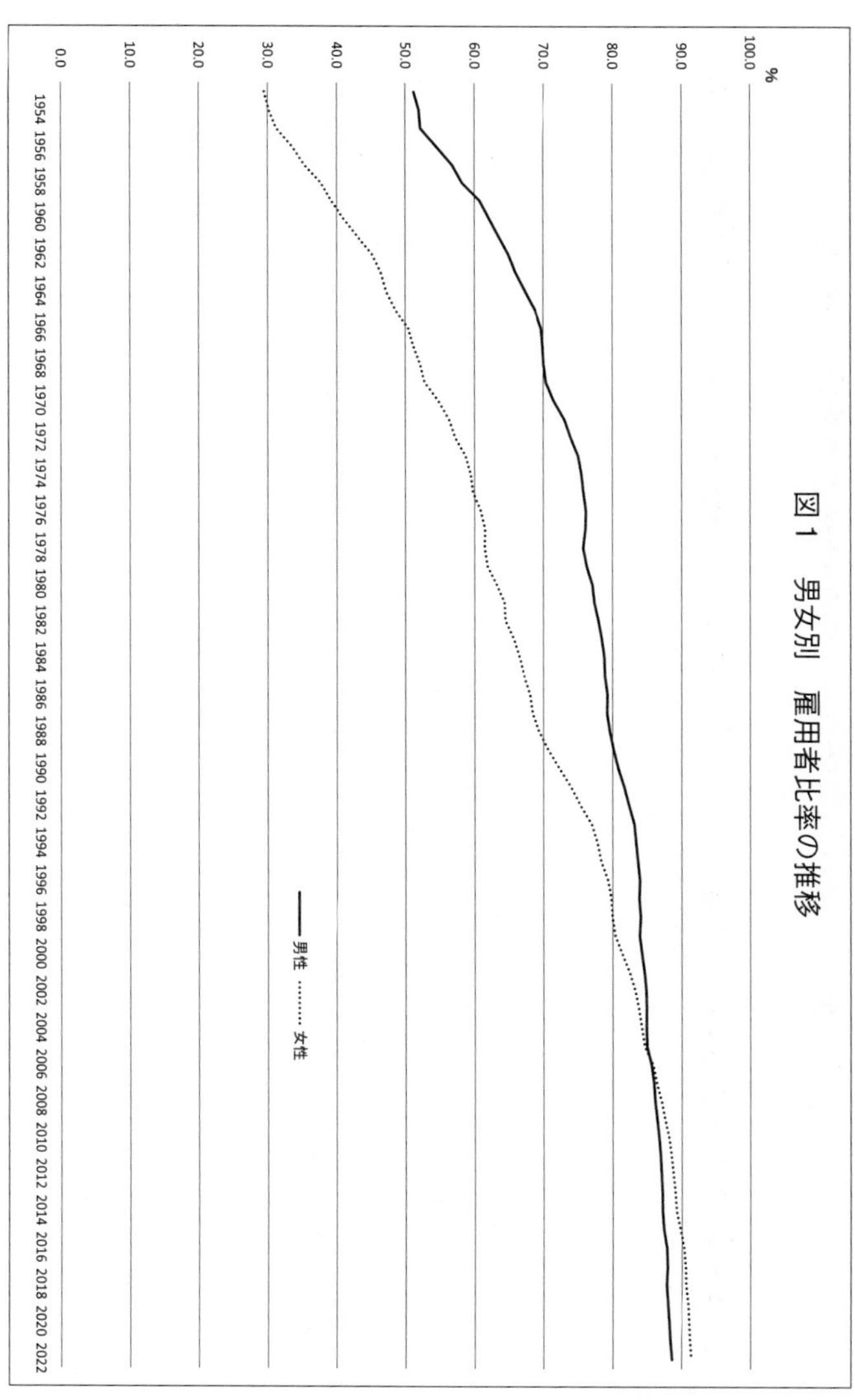
図1　男女別　雇用者比率の推移
%
100.0
90.0
80.0
70.0
60.0
50.0
40.0
30.0
20.0
10.0
0.0
1954 1956 1958 1960 1962 1964 1966 1968 1970 1972 1974 1976 1978 1980 1982 1984 1986 1988 1990 1992 1994 1996 1998 2000 2002 2004 2006 2008 2010 2012 2014 2016 2018 2020 2022
男性
女性

無期契約が七万人減で、有期契約は一九万人減。女性の場合、非正規雇用者の数は、有期雇用者の数を今や六〇〇万人以上上回っています。こうした現状は、報道を通じて得られる通常のイメージとはかなり違うのではないでしょうか。

ただ、非正規かつ無期契約の雇用者の大半は、女性の主婦パートです。入職率も高ければ離職率も高い。このように出入りが激しいと、無期契約でも人がどんどん変わるので、わざわざ有期にする必要はないということかもしれません。

なお、契約期間に関する統計を一〇〇パーセント信頼してよいかというと、必ずしもそうではありません。例えば、二〇二二年の労働力調査では、契約期間（通算契約期間ではなく、調査時点の雇用契約に定められた契約期間）が五年を超える有期契約を締結した者が男女計で一二四万人いると調査結果にはありますが、どう考えても多すぎます。また、有期契約を締結した雇用者一四二九万人のなかには、「契約期間がわからない」者も二四五万人含まれています。「雇用契約期間の定めがあるかわからない」と答えた者も四七七万人と五〇〇万人近くおり、統計データ自体に問題があるともいえます。

②　毎月勤労統計（厚生労働省）からわかること——確報にみる過去二〇年間の推移

⑴　一年前との比較からわかること——鵜呑みにできない速報値

毎月勤労統計（毎勤統計）には、速報値と確報値があって、もちろん確報値のほうが信用できるのですけれど、速報値が公表されたときにしかニュースとして報道されません。報道発表資料も、確報値が公表されるときには用意されない（少なくとも厚生労働省のサイトにはアップされない）。そんな現実があります。

例えば、二〇一九年八月の毎勤統計（速報値）では、労働者一人当たりの現金給与総額（所定内、所定外の定期給与のほか、一時金等の特別給与を含む）が、一年前との比較、つまり前年同月比で〇・二パーセント減少したと報道されました。そして、翌九月の調査結果では、逆に〇・八パーセント増加したと報じられました。

しかし、次頁の**表3―1**をみてもわかるように、これが速報値どうしを比較したものかというと、そうではありません。速報値どうしで比較すると、二〇一九年八月には前年同月比で〇・〇三％の減、九月には一・〇％の増となります。

また、**表3―2**をみるとわかるように、確報値で比べると、二〇一九年九月は速報値の報道どおり〇・八パーセント増となるのですが、八月については〇・二パーセント増と、速報値ではマイナスであった数値が、確報値ではプラスになってしまう。

このような例をみても、一〇〇パーセント信用できるとはいい難い。それが毎勤統計の現状なのです。

表３－１　過去１年間における常用労働者の就労状況の推移（速報）

	A　総実労働時間／月		B　労働者数（千人）		労働投入量（A×B）		現金給与総額／月		１時間当たりの給与額	
2018年８月	140.1	100.0	50,221	100.0	7,035,962	100.0	276,366	100.0	1972.6	100.0
2019年８月	136.0	97.1	50,999	101.5	6,935,864	98.6	276,296	99.97	2031.6	103.0
2018年９月	139.3	100.0	50,231	100.0	6,997,178	100.0	270,256	100.0	1940.1	100.0
2019年９月	138.3	99.3	51,045	101.6	7,059,524	100.9	272,937	101.0	1973.5	101.7

出所）厚生労働省「毎月勤労統計調査」（事業所規模５人以上、産業計）

表３－２　過去１年間における常用労働者の就労状況の推移（確報）

	A　総実労働時間／月		B　労働者数（千人）		労働投入量（A×B）		現金給与総額／月		１時間当たりの給与額	
2018年８月	140.0	100.0	50,253	100.0	7,035,420	100.0	276,123	100.0	1972.3	100.0
2019年８月	135.8	97.0	50,980	101.4	6,923,084	98.4	276,699	100.2	2037.5	103.3
2018年９月	139.1	100.0	50,230	100.0	6,986,993	100.0	269,656	100.0	1938.6	100.0
2019年９月	138.2	99.4	51,070	101.7	7,057,874	101.0	271,945	100.8	1967.8	101.5

出所）表３－１に同じ。

それから、この間にどのような変化があったかということですけれども、この過去一年の比較からもいえることは何かというと、傾向としては現在も続いている、次のような事実を指摘することができます。

労働者は増加している。しかし、労働時間は減少する傾向にある。労働時間が減少すれば、一時間当たりの賃金は増える。とはいえ、労働者が増加しても労働時間が減少すれば、労働投入量は増えない。

ここで私が強調したいのは、「労働投入量が増えない限りＧＤＰも増えない」ということです。そこにきわめて大きな問題がある、と私は考えています。

⑵　パートタイム労働者の就労状況の推移

次に、パートタイム労働者についてまとめた次頁の**表４**をみてください。

最初に、一月当たりの総実労働時間のデータを記載していますが、一九九八年度には九五・五時間であったものが、二〇二一年度には七八・八時間と、この間に一六・七時間短くなっています。

二〇二〇年度が七八・六時間と最も短くなったのは新型コロナの影響だと思いますけれども、二〇二一年度との差は〇・二時間しかありません。

表４　1998 年度以降におけるパートタイム労働者の就労状況の推移

	総実労働時間／月	A　年間総実労働時間		B　労働者数（千人）		労働投入量（A×B）		月間出勤日数		現金給与総額／月		１時間当たりの給与額		最低賃金（全国加重平均）	
1998年度	95.5	1,146.0	100.0	7,156	100.0	8,200,776,000	100.0	17.0	100.0	94,124	100.0	985.6	100.0	649	100.0
1999年度	95.4	1144.8	99.9	8,560	119.6	9,799,488,000	119.5	17.1	100.6	93,394	99.2	979.0	99.3	654	100.8
2000年度	97.3	1,167.6	101.9	8,882	124.1	10,370,623,200	126.5	17.1	100.6	95,071	101.0	977.1	99.1	659	101.5
2001年度	95.7	1,148.4	100.2	9,184	128.3	10,546,905,600	128.6	16.9	99.4	93,825	99.7	980.4	99.5	663	102.2
2002年度	95.2	1,142.4	99.7	9,513	132.9	10,867,651,200	132.5	16.9	99.4	93,329	99.2	980.3	99.5	663	102.2
2003年度	96.3	1,155.6	100.8	9,955	139.1	11,503,998,000	140.3	16.9	99.4	94,387	100.3	980.1	99.4	664	102.3
2004年度	95.5	1,146.0	100.0	10,868	151.9	12,454,728,000	151.9	16.8	98.8	94,067	99.9	985.0	99.9	665	102.5
2005年度	95.2	1,142.4	99.7	10,947	153.0	12,505,852,800	152.5	16.6	97.6	94,861	100.8	996.4	101.1	668	102.9
2006年度	94.5	1,134.0	99.0	11,187	156.3	12,686,058,000	154.7	16.5	97.1	95,167	101.1	1007.1	102.2	673	103.7
2007年度	93.8	1,125.6	98.2	11,612	162.3	13,070,467,200	159.4	16.4	96.5	95,445	101.4	1017.5	103.2	687	105.9
2008年度	91.7	1,100.4	96.0	11,812	165.1	12,997,924,800	158.5	16.0	94.1	95,568	101.5	1042.2	105.7	703	108.3
2009年度	90.3	1,083.6	94.6	12,070	168.7	13,079,052,000	159.5	15.8	92.9	94,832	100.8	1050.2	106.6	713	109.9
2010年度	91.2	1,094.4	95.5	12,371	172.9	13,538,822,400	165.1	15.9	93.5	95,781	101.8	1050.2	106.6	730	112.5
2011年度	91.4	1,096.8	95.7	12,658	176.9	13,883,294,400	169.3	15.9	93.5	96,209	102.2	1052.6	106.8	737	113.6
2012年度	91.6	1,099.2	95.9	13,274	185.5	14,590,780,800	177.9	15.8	92.9	96,824	102.9	1057.0	107.2	749	115.4
2013年度	91.0	1,092.0	95.3	13,664	190.9	14,921,088,000	181.9	15.6	91.8	96,825	102.9	1064.0	108.0	764	117.7
2014年度	90.1	1,081.2	94.3	14,111	197.2	15,256,813,200	186.0	15.5	91.2	97,167	103.2	1078.4	109.4	780	120.2
2015年度	88.7	1,064.4	92.9	14,663	204.9	15,607,297,200	190.3	15.3	90.0	97,933	104.0	1104.1	112.0	798	123.0
2016年度	86.8	1,041.6	90.9	15,076	210.7	15,703,161,600	191.5	15.0	88.2	97,526	103.6	1123.6	114.0	823	126.8
2017年度	85.9	1,030.8	89.9	15,418	215.5	15,892,874,400	193.8	14.9	87.6	98,656	104.8	1148.5	116.5	848	130.7
2018年度	84.9	1,018.8	88.9	15,578	217.7	15,870,866,400	193.5	14.7	86.5	99,813	106.0	1175.7	119.3	874	134.7
2019年度	82.8	993.6	86.7	16,077	224.7	15,974,107,200	194.8	14.3	84.1	99,958	106.2	1207.2	122.5	901	138.8
2020年度	78.6	943.2	82.3	15,935	222.7	15,029,892,000	183.3	13.8	81.2	99,083	105.3	1260.6	127.9	902	139.0
2021年度	78.8	945.6	82.5	16,191	226.3	15,310,209,600	186.7	13.9	81.8	99,971	106.2	1268.7	128.7	930	143.3
2022年度	–	–	–	–	–	–	–	–	–	–	–	–	–	961	148.1

出所）厚生労働省「毎月勤労統計調査（年度平均、確報）」（事業所規模５人以上、産業計）

二〇二一年度現在の年間総実労働時間は、パートタイム労働者の場合、一〇〇〇時間を切っています。一九九八年度と比べると、その八二・五パーセントにまで低下しています。

他方、労働者数は一九九八年度を一〇〇として、この間に二二六・三まで増加していいます（一二六・三パーセント増）が、それにもかかわらず、労働投入量は一八六・七（八六・七パーセント増）の水準にとどまっています。労働投入量は、二〇一九年度や二〇一八年度と比べても、マイナスとなる数値になっています。

労働者数が過去最高を記録しても、労働時間が大幅に減少したため、双方の積で表わされる労働投入量が増えない。現在は、そんな状況にあります。

このように労働時間が短くなった背景には、月間出勤日数の大幅な減少があります。パートタイム労働者の場合、一九九八年度には一七日あった出勤日数が、今や一四日を切るに至っている。こうした出勤日数の減少が大きく影響しています。

なるほど、時間単価（一時間当たりの給与額）は三割近く、二八・七パーセント上昇しました。この間、最低賃金も二〇二二年時点で五割近く、四八・一パーセントアップしています。しかし、月収（一月当たりの現金給与総額）の伸びは、六・二パーセントにとどまっているのです。

⑶　目の前にある現実――労働投入量が増えなければ、ＧＤＰも増えない

では、なぜこうなるのかというと、相当数のパートタイム労働者が「就業調整」を行っている。つまり、時給が上がっても、年収を一定範囲に収めたほうが税金や社会保険料の負担、扶養手当の受給といった点で得だと考える主婦パートが、年収が一定範囲を超えないよう年末になると会社を休む。それが「就業調整」の典型です。

その結果、一時間当たりの給与額は上がっても、一月当たりの給与額は上がらない、という状況が生まれるわけです。

ですから、最低賃金についても、これを引き上げるべきだというのが労働組合の皆さんの共通した考えだと思うのですが、最低賃金の引上げだけでは、時給は増えても、月収や年収は増えません。

労働者数が増えて、一時間当たりの賃金も増加したけれど、労働投入量が増えなければ、結局のところ、日本経済にとっても大きなマイナスとなる。そこで、現在、政府もこうした「年収の壁」を何とかしたいということで、検討を進めているようです。

なかには、課税最低限の引上げ等によって「年収の壁」をもっと高くしようという動きもあると聞きます。しかし、それは全く逆ではないでしょうか。いったん「年収の壁」を高くすると、「年収の壁」を低くするなどということは金輪際できなくなる。そうした状況は避けるべきだと、私は思います。

五　高齢者雇用の現状

①　高年齢者雇用状況等報告（厚生労働省）からわかること
――二〇二二年六月一日現在

こうしたなか、高年齢労働者も増加しています。ここでは、二〇二二年の高年齢者雇用状況等報告をもとに、現状をまず説明したいと思います。

六〇歳台前半層を対象とする高年齢者雇用確保措置としては、継続雇用制度の導入が七割強を占めていますが、定年の引上げも四社に一社程度まで増えてきました。現在のところ、継続雇用制度については対象者を労使協定で限定できる経過措置が認められており、継続雇用制度を導入している企業のうち、この経過措置を講じている企業が一七パーセント存在します。ただ、そのため実際に継続雇用制度の適用を受けられなかった者は〇・二パーセントと、ごく少数にとどまっています。

また、最近では六五歳定年を採用する企業が増え、その割合は五社に一社（大企業では七社に一社）を数えるようになりました。

他方、高年齢者雇用安定法の改正によって、事業主の努力義務として新設されたものに、六〇歳台後半層を対象とした高年齢者就業確保措置があります。六〇歳台前半層を対象とした高年齢者雇用確保措置との違いは、創業支援等の措置が新たに加わったという点にあります。高年齢者就業確保措置の実施済み企業は、現在三割近いものとなっています。

②　二〇二二年度労働条件調査（日本労働組合総連合会）からわかること――六月調査

高年齢者雇用安定法は、前述のように高年齢者雇用確保措置については経過措置による対象者の限定しか認めておらず、二〇二二年四月以降、六四歳までの年齢層ではこの経過措置によることができなくなりました。間もなく、その経過措置も終了します。

一方、経過措置に基づく対象者以外に「就業規則で解雇事由以外に契約を更新しない条件を定める企業」がどの程度あるかを、連合では毎年六月に調査しています。『れんごう政策資料』に掲載される「労働条件調査」がそれです。二〇二二年度の調査によれば、その割合は四割近くに達しています。

実は、厚生労働省の「高年齢者雇用状況等報告」でも、調査事項には入っています。そこでは、六五歳未満でかつ経過措置の対象ではないが、就業規則等によって高年齢者雇用確保措置の対象を限定している企業を調査しているのですけれども、厚生労働省は調査結果を公表していません。

連合の調査結果をみると、従来、労使協定で定めていたものと、その内容にほとんど違いはありません。連合は「解雇事由以外に契約を更新しない条件」という言葉を使っていますが、「過去の人事考課が基準以下」、「過去の出勤率が基準以下」、「直近の健康診断の結果」がそこでは例示されており、こうした理由によって対象にしないところが先に述べたように、実際には相当数存在しています。

私自身は「希望者全員」という高年齢者雇用安定法のスキーム自体に無理があると考えていますが、このスキームが現状にマッチしていないことは、連合の調査結果からもいえるのではないかと思います。

また、連合の調査結果からは、定年延長あるいは再雇用、そのいずれの場合であっても、仕事内容は、六〇歳の「定年前と同じ職場で同じ仕事」というのが最も多いことがわかります。労働時間も六〇歳までと同じ。要するに、従来と同じように働いているという人が結構多い。会社にとっても労働者にとっても、一番無理のない働き方なので、そのようになる。こう考えてよいと思います。

一方、月例賃金は、六〇歳までの賃金の三分の二を少し下回る程度になっています。「一時金はあり」としているところであっても、その支給水準は六割を切る。年間賃金でみると六二・八パーセントということですから、六割を少し超える程度です。

生活関連手当としての家族手当や住宅手当。そもそもそういう制度がないという会社もあるわけですが、六〇歳をすぎると手当の支給対象から外すところが、それぞれ四四・七パーセント、三二・九パーセントあります。このような仕組みは、国家公務員の扶養手当、住居手当にも共通してみられます。再任用の場合には支給しないことが法律に規定されていて、定年前の職員と再任用職員では、定期昇給やボーナスについても違いがあります。

参考①：高年齢者就業確保措置について

高年齢者雇用安定法に新設された高年齢者就業確保措置の条文である一〇条の二を読むと、いろいろなことがわかります。例えば、第一項では定年の引上げや六五歳以上継続雇用制度について規定されています。後者に関しては、高年齢者雇用確保措置と違って、「六五歳以上」という言葉が入ります。これに、定年の廃止を併せた三つの選択肢のなかから一つを選びなさい、という制度になっています。したがって、六五歳以上継続雇用制度であっても、希望者全員なのです。ただ、現在は事業主の努力義務として規定されている。

また、前述のように、「雇用確保措置」ではなく「就業確保措置」としたのは、第二項で創業支援等措置について規定したからです。ただ、現在のところ、実際に創業支援等措置を採用している企業はごく少数にとどまっています。「高年齢者雇用状況等報告」によれば、その内訳は、定年制の廃止が三・九パーセント、定年の引上げが二・一パーセント、六五歳以上継続雇用制度が二一・八パーセントとなっています。創業支援等措置はたった〇・一パーセントにすぎません。創業支援等措置の制度自体が複雑すぎます。労使協定を結ばなければいけないとか、なぜそのようにしたのか、私には理解できません。

さらに、高年齢者就業確保措置についても、高年齢者雇用確保措置と同様、厚生労働大臣の策定した指針（令和二年厚生労働省告示第三百五十一号）が存在します。ただ、その内容をみると、努力義務とは到底思えない内容になっています。

例えば、「高年齢者就業確保措置を講ずることは、努力義務であることから、措置（略）の対象となる高年齢者に係る基準（略）を定めることも可能とする」と指針にはありますが、これを逆に読むと、高年齢者就業確保措置が義務化されたときは、対象者基準を設けることができなくなる。そういっているに等しいものとなっています。

それから、指針は六五歳以上継続雇用制度についても、従来の六〇歳台前半層を対象とした継続雇用制度と同様、確かに「就業規則に定める解雇事由又は退職事由（略）に該当する場合には継続雇用しないこと」を認めるものにはなっています。ただ、一方で、これまでと同様、「継続雇用しないことについては、客観的に合理的な理由があり、社会通念上相当であることが求められる」ともしています。

継続雇用とはいっても、現在は六五歳までの五年間の義務ですから、まだこれをイメージすることができるのですが、六〇歳定年のままで継続雇用の期間がさらに一〇年間続くことをイメージすることは難しい。だとすれば、ある時点で六五歳までの定年延長を国は求めてくるのではないか。私にはそう思えてなりません。

参考②：国家公務員の定年延長について

このことを先取りするかのように、国家公務員については定年延長が図られ、二〇二三年四月一日から施行される運びとなっています。ただし、定年延長は段階的に実施する。二〇二三年四月一日から二年間は六一歳とし、以後、段階的に定年を引き上げていき、最終的には八年後の二〇三一年四月一日から六五歳定年とする。その前後に照準を合わせて、民間企業に対しても六五歳までの定年延長を義務化する動きになるのではないか、と思います。

いわゆる一年契約を更新して通算契約期間が一〇年というのは、一般的な再雇用の期間としては長すぎると。だとすると、六五歳まで定年を延長し、その後は義務化された継続雇用制度でいく。そんな仕組みに変わるのではないでしょうか。

国家公務員の場合は、六〇歳から六五歳まで定年を延長する。ただし、給与は三割下げるということを、法改正という手段を用いることによって実現することが可能です。「一般職の職員の給与に関する法律」の附則に六〇歳以降の俸給月額を「当分の間、百分の七十を乗じて得た額」とすると規定する。附則第八項にこのように定めるだけですんだのです。しかし、民間企業の場合には、はたして同じことが就業規則の改正によってできるのかという問題もあります。

それから、現行の再任用制度。公務員の世界では「雇用」といわずに「任用」といいます。そもそも「雇用」という概念がないのです。雇用契約ではない「任用」は、公法上の契約だという考え方がありますけれども、そもそも公務員の「再任用」と民間企業の「再雇用」とでは、制度設計が違います。

民間企業の場合は、公法上の義務とされているとはいうものの、「義務」なのです。だから、「希望者全員」ということで、対象者を選別することができない。これに対して、公務員の場合は「選考」なのです。「選考」により再任用することができるし、再任用の任期を更新することもできる。

更新について、人事院規則一一―九（定年退職者等の再任用）では、五条一項で「再任用の任期の更新は、職員の当該更新直前の任期における勤務実績が良好である場合に行うことができる」と規定されています。

条文にある「良好」は、公務員の世界では「普通」を意味します。ですから、少なくとも普通以上の勤務実績でなければならない前提になっています。こうした仕組みは、定年延長に伴って新たに制定された、延長された定年後六五歳までの期間を対象とする人事院規則一一―一二（定年退職者等の暫定再任用）でも踏襲されています。ただ、このような「選考」や「更新」は、「希望者全員」を前提とする民間企業では認められていません。

六　まとめにかえて――増加が予想される教員をめぐる紛争

①　統計にみる学校とその現状（学校基本調査（文部科学省））

次に、まとめにかえる意味で、教員の世界についてお話したいと思います。

学校が少子化の影響を最も強く受けるのは、容易に想像できます。統計上の数値でみても、それは明らかです。

次頁の**図2**で示したように、小学校の教員数のピークは一九八二年。二〇二一年にはピーク時よりも五万人以上減っています。

中学校の教員数のピークは一九八七年で、二〇二一年にはピーク時より四万人以上減っています。高校の場合は、それよりさらに遅れて一九九一年。二〇二一年にはピーク時よりも六万人近く減っています。

短期大学の場合、ピークが一九九二年。ピークの時期は高校とあまり変わりませんが、二〇二一年にはピーク時の三分の一にまで減少しています。

こうしたなか、大学の教員数だけが増加を続けてきました。二〇二一年には過去最多を記録しています。学校基本調査がスタートした一九四八年と比較すると、二五倍以上にまで増えています。

高校については、少し前に大阪で新たにまた九校閉校するという報道がありました。公立高校の場合には、分限免職の問題を回避するため、おそらく別の高校と統合してやっていくのでしょうが、私立高校でそれができるかというと難しいと思います。

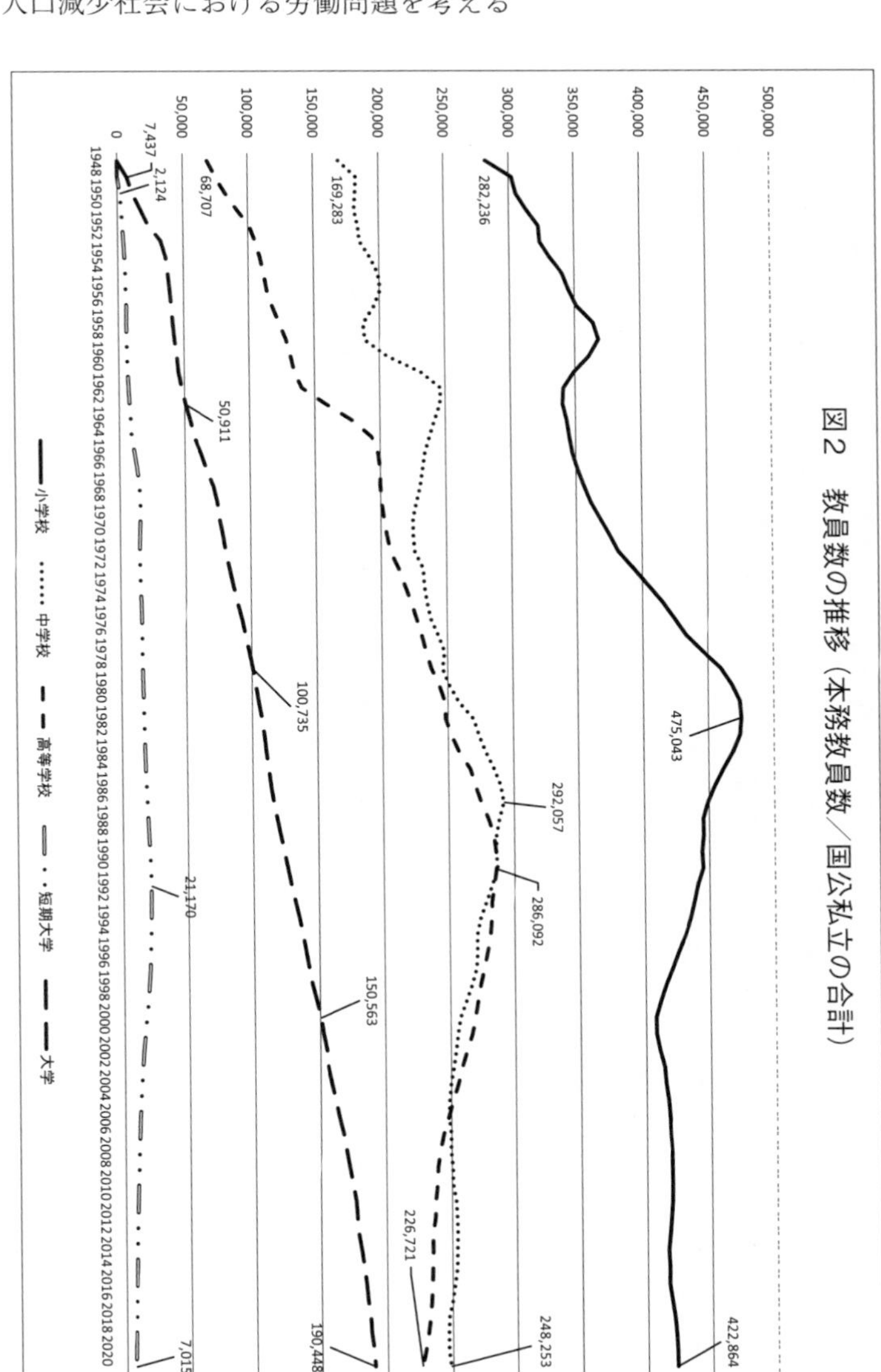

図2　教員数の推移（本務教員数／国公私立の合計）

私学で廃校問題が起きたのは一九五〇年代で、はるか昔の話ですけれども、それがまた現実化しそうだと。

私立大学も、同じ問題をかかえています。多くの私立大学で、定員割れの問題が起きていることはご存じだと思います。そうすると、今後、私立大学でも、教員の人員整理や賃金、退職金等の引下げをめぐる紛争が増加することは避けられない。その一部が個別紛争または集団紛争として、労働委員会に持ち込まれる。その可能性は大きいと思います。

②　急速に進む少子化とその影響（人口動態統計）

最後に、少子化を示すデータとして、出生数について、人口動態統計をもとに、もう一度確認しておきたいと思います。

一九四七年から一九四九年に生まれたのが団塊の世代です。一九五二年は、わが国が独立を回復した年ですけれども、この年までは出生数が二〇〇万人を超えていました。二〇二一年の出生数は八一万一六二二人となっており、二〇二二年にはどうも八〇万人を下回りそうです。こうしたなか、前述したように、二〇二六年には丙午の年がやってきます。

一九六六年の丙午の年には、前年比で出生数が五〇万人近く減りました。翌年と比べても、五〇数万人の差がありました。それでも、当時は出生数が一四〇万人程度あった。その出生数が半分程度になった時代に、また丙午の年を迎えなければならない。それが三年後に迫っているわけです。

冒頭で、世界の人口はおよそ八〇億人という話をしました。今、その八〇億人に対して、一年に八〇〇〇万人、ちょうど一パーセント人口が増加しています。かつては、二パーセント台のペースで人口が増えた時代もありましたが、二〇五〇年には、その割合が〇・五パーセントにまで低下するといわれています。

世界の人口は、おそらく一〇〇億人前後のどこかで、上限を迎える。日本は、そうした人口頭打ち時代の到来を既に経験し、今や急速に人口の減少が進行している。その意味でも、わが国がどのようなロールモデルを世界に示すことができるのか。それが今問われている、といえるのではないでしょうか。

『中央労働時報』令和五年十二月号
中労委「労使関係セミナー」（同年二月七日）講演録

【後記】

人口減少に歯止めがかからない。令和五年九月十五日に厚生労働省が公表した「令和四年（二〇二二）人口動態統計（確定数）」からは、次のような日本の現状が明らかになる。

○　出生数は、七七万〇七五九人で過去最少（七年連続減少）
（対前年　四万〇八六三人減少）
○　合計特殊出生率は、一・二六で過去最低（七年連続低下）
（同　〇・〇五ポイント低下）
○　死亡数は、一五六万九〇五〇人で過去最多（二年連続増加）
（同　一二万九一九四人増加）
○　自然増減数は、七九万八二九一人減で過去最大の減少（一六年連続減少）
（同　一七万〇〇五七人減少）

また、その二日後、令和五年九月十七日に、総務省統計局が「敬老の日」（同月十八日）を迎えるに当たって取りまとめた「統計からみた我が国の高齢者」は、次のような事実を明らかにする。

○　総人口に占める六五歳以上の高齢者人口の割合は二九・一％と過去最高
○　七五歳以上人口が初めて二〇〇〇万人を超える
○　一〇人に一人が八〇歳以上となる

少子化とともに、高齢化のスピードも加速している（ただし、その一方で高齢者人口が一九五〇年以降初めて減少したこともする）。このことも忘れてはなるまい。

【アメリカ】

3　労委命令

判例・労委命令索引

1　最高裁判例

2　下級審判例

2　行政通達

告示・通達索引

1　大臣告示

【アメリカ】

ナ行

タ行

サ行

法令索引

ア行

カ行

初　出　一　覧

第１部　講話編 ―― 40 Stories

「新・現場からみた労働法」第１回～第 40 回

『文部科学教育通信』529 号（令和４年４月 11 日号）

～568 号（令和５年 11 月 27 日号）所収

第２部　随想編 ―― Essay and Talk

Ⅰ　労働時間の減少に歯止めを

『労働判例』1287 号（令和５年７月 15 日号）所収

「遊筆　労働問題に寄せて」

Ⅱ　人口減少社会における労働問題を考える

『中央労働時報』1310 号（令和５年 12 月号）所収

中央労働委員会『令和４年度労使関係セミナー（第３回／令和５年２月７日）』における講演録をもとにして

著者紹介　小嶌典明（こじま・のりあき）

昭和 27 年大阪市生まれ
神戸大学大学院法学研究科博士前期課程修了
関西外国語大学理事・顧問、同外国語学部教授
大阪大学名誉教授、同博士（法学）
労働法専攻

主要著書

職場の法律は小説より奇なり
労働市場改革のミッション
労働法の「常識」は現場の「非常識」——程良い規制を求めて
労働法改革は現場に学べ！——これからの雇用・労働法制
国立大学法人と労働法
法人職員・公務員のための労働法 72 話
法人職員・公務員のための労働法　判例編
公務員法と労働法の交錯（豊本治氏との共編著）
労働法とその周辺——神は細部に宿り給ふ
メモワール労働者派遣法——歴史を知れば、今がわかる
現場からみた労働法——働き方改革をどう考えるか
現場からみた労働法２——雇用社会の現状をどう読み解くか
現場からみた労働法３——コロナ禍の現状をどう読み解くか
労使関係法の理論と実務
雇用関係法の理論と実務（近刊）

新・現場からみた労働法
——法律の前に常識がある——

令和６年３月６日　第１版第１刷発行

著　者　小嶌　典明

発行人　加藤　勝博

発行所　株式会社ジアース教育新社
〒101-0054
東京都千代田区神田錦町１-23
宗保第２ビル５階
TEL 03-5282-7183　FAX 03-5282-7892

DTP・印刷　株式会社創新社

ISBN978-4-86371-679-7

○定価はカバーに表示してあります。

Printed in Japan